# STUDIEN
# ZUR GESCHICHTE DER WIRTSCHAFTLICHEN
# UND SOZIALEN VERHÄLTNISSE
# IM ISRAELITISCH-JÜDISCHEN REICHE

## VON DER
### EINWANDERUNG IN KANAAN BIS ZUM BABYLONISCHEN EXIL

VON

## M. LURJE
DR. PHIL., DOZENT IN MOSKAU

1927

VERLAG VON ALFRED TÖPELMANN IN GIESSEN

BEIHEFTE ZUR ZEITSCHRIFT FÜR DIE
ALTTESTAMENTLICHE WISSENSCHAFT
45

# Inhaltsverzeichnis

„Die Geschichte aller bisherigen Gesellschaft
ist die Geschichte von Klassenkämpfen."

(Marx, Das Kommunistische Manifest.)

Erstes Kapitel

# Die Agrarverhältnisse

## 1. Differenzierung der Klassen

Zur Zeit Deboras ist die Differenzierung der Klassen in Israel längst vorhanden. Fürsten und Fürstengeschlechter stehen an der Spitze der Stämme. Wir sagen bewußt Fürstengeschlechter; zwar findet sich für diese Zeit kein direkter Beleg, aber daß wir auch in Israel, wie vordem in Kanaan, solche finden, geht aus dem Geschlechte Sauls hervor. Neben dem Könige Saul steht Abner, sein Vetter, in der Stellung eines Hauptkommandeurs[1].

Diese Fürsten werden verschiedenartig bezeichnet. Sie heißen: פְּרָעוֹת (Führer); רוֹזְנִים (Herren, Fürsten; im Deboralied nur in bezug auf die Kanaanäer); חוֹקְקִים (Gebieter, Gesetzgeber. ED. MEYER: „Rechtssetzer, θεσμοθέται“, Israeliten S. 505); אַדִּירִים (Mächtige, Gewaltige) und שָׂרִים (Fürsten, auch Beamte). Die Machtstellung ist am klarsten in dem Worte „Adirim“ gekennzeichnet. Die Fürsten sind in Kriegszeiten Feldherren und in Zeiten des Friedens Rechtsgeber. Sie sind auch Beamte, Sarim. Ihre Funktionen lassen sich von denen der „Ältesten“, der Zkenim, zunächst noch nicht unterscheiden.

Das beste Zeugnis für die soziale Differenzierung zur Zeit der Richter bietet vor allem das Deboralied. „Mein Herz gehört den Leitern Israels, die sich willig zeigten im Volk“, ruft (V. 9) Debora aus. Auch von „Machir stiegen herab Gebieter, und von Sebulon, die mit dem Szepter einherziehen, und die Fürsten von Issachar, mit Debora, und wie Issachar so Barak ...“ (14. 15)[2]. Daß Debora selbst dem israelitischen Adel angehörte, bedarf wohl keiner weiteren Ausführung; das geht aus ihrer nahen Beziehung zu den Herrschenden hervor, denn

---

[1] Demgegenüber behauptet ED. MEYER, daß er geschlossene Fürstengeschlechter in Israel nicht finden könne (Israeliten S. 505).

[2] Der Korrektheit der Sprache wegen mußte ich, als Nichtdeutscher, das A. T. nach einer deutschen Übersetzung zitieren; ich habe es nach KAUTZSCH⁴ getan. Daß ich aber den Text immer an der Hand hatte, versteht sich von selbst.

ihr Herz gehört ja den Leitern Israels, wie auch denen, die auf röt-
lichen Eseln reiten und auf Decken (Teppichen?) sitzen! Nicht zuletzt soll noch auf die „Schale der Prächtigen" hingewiesen werden,
worauf schon ED. MEYER aufmerksam machte [1].

Den Fürsten folgen die anderen Vornehmen (sie heißen חוׄרִים),
d. h. die Großgrundbesitzer, wie ja der Reichtum sich zum wesentlichen Teil im Besitz an Grund und Boden ausdrückt.  Die Vornehmen
sind die Feldherren der Armee, die sich aus Grundbesitzern rekrutieren.
Zwischen diesen herrschenden Klassen einerseits und dem besitz- und
daher rechtlosen Proletariat andererseits stehen die mittleren und kleinen
Besitzer, die von den Mächtigen bedrückt werden, und daher oft in
den vierten Stand herabsinken.  In der darauffolgenden Zeit finden
wir auch nähere Angaben über das besitzlose Proletariat, das zu allem
bereit ist, nur um sein Leben zu fristen.  Wie in der Amarnazeit
Milkilu und Suardatu Leute von Gazri, Gimti und Kilti gedungen haben
und damit das Land der Stadt Rubute eroberten [2], so tat es auch in
der auf Debora folgenden Zeit Abimelech.  Für die 70 Silbersekel,
die ihm die Bürger von Sichem gaben, dingte er sich „nichtsnutzige,
leichtfertige Menschen", richtiger: „Arbeitslose", und wurde ihr An-
führer.  Deren Zahl reichte dazu aus, ein Blutbad in Ophra anzu-
richten, bei dem Alimelechs 70 Brüder ermordet wurden und wonach
er sich selbst zum Herrscher machen konnte (Ri 9, 4 f.).  Ebenso war
es bei Jephtach, mit dem einzigen Unterschied, daß hier die „Nichts-
nutzigen" gar keinen festen Sold bekamen, sondern mit ihrem Häuptling auf gut Glück auszogen.  Und auch diesmal muß ihre Zahl eine
ansehnliche gewesen sein; denn Jephtach machte mit dieser Schar auf
die Ältesten von Gilead einen solchen Eindruck, daß sie ihn zum Führer
gegen die Ammoniter wählten.  Zu diesen Zeugnissen über die frei-
willige Dienstbarkeit der Habelosen gesellt sich die Bemerkung über
den Stamm Dan im Deboralied.  Er geht „in die Fremde auf Schiffe".
Um diese Zeit wohnt Dan bereits im Norden, er grenzt an Phönikien.
Geht er nun nicht als Unterworfener in die Fremde auf Schiffe (was
im Text jedenfalls angedeutet wäre), so besagt die Notiz, daß seine
Leute freiwillig als Matrosen im phönikischen Dienste stehen.  Und noch
etwas: im Deboralied steht unter den Gütern der von den Kanaanäern
erhofften Beute an erster Stelle . . . „eine Dirne, zwei Dirnen für
jeden Mann".  Dieser Vers wirft ein merkwürdiges Licht auf das soziale

---

[1] Richtiger: „Schale der Vornehmen" בְּסֵפֶל אַדִּירִים   In LXX ἐν λεκάνῃ ὑπερ-
χόντων, was den fürstlichen Charakter einer Jael noch mehr betont.

[2] J. A. KNUDTZON, die El-Amarna-Tafeln I, Leipzig, 1915, S. 877.

Leben Israels. Gibt es in dieser Zeit schon öffentliche
Dirnen, oder ist das nur eine gewöhnliche Erscheinung der Kriegs-
beute? Um jedoch diese für die soziale Struktur Altisraels wichtige
Frage zu entscheiden, fehlen uns sichere Anhaltspunkte.

Zwischen den beiden sozial scharf entgegengesetzten Polen, den
Fürsten und Großgrundbesitzern einerseits und dem besitzlosen Prole-
tariat andererseits steht, wie erwähnt, der mittlere Besitz, an erster
Stelle die Bauernschaft. Auch hierüber gibt das Deboralied Aufschluß.
So heißt es in Vers 11:

„Dort erzählt man die Großtaten Jahwes,
die Großtaten an seinen Bauern in Israel",

und besonders über die Viehzucht (V. 16):

„Was saßest du zwischen den Hürden,
zu hören das Flöten bei den Herden?"

Von den Kriegern und den Gewerbetreibenden sprechen die Verse
8 und 30 b.

Die Differenzierung der Klassen setzt aber das Privateigentum an
Grund und Boden in seiner Zersplitterung und in seiner Konzentrierung
in der Hand Weniger voraus. Die Frage des Privateigentums und des
Gemeinbesitzes in Israel muß daher geklärt werden.

## 2. Privateigentum und Gemeinbesitz

Was wissen wir von dem Privateigentum in Israel? Das Privateigentum ist heilig, und das nur deshalb, weil diese Form des Besitzes
die herrschende ist. So beruhen bereits die Bestimmungen des Bundesbuches auf der Voraussetzung des Privateigentums[1]. David bezahlte
Arnan für den Platz 600 Goldstücke, um dort einen Altar zu bauen.
Omri kaufte ebenfalls den Berg Šomron von Semer, auf dem er dann
die Hauptstadt Samarien bauen ließ, und bezahlte ihn mit 2 Talenten
Silber. Das unantastbare Recht des Eigentümers an seinem Besitz
tritt im Falle Achab hervor. Er wollte den Weinberg Naboths, der
nahe an seinem königlichen Palast lag, entweder gegen einen besseren
Weinberg eintauschen oder den Kaufpreis in Silber bezahlen. Naboth
lehnt das ab: „Bewahre mich Jahwe davor, daß ich Dir meiner Väter
Erbe gäbe." Dagegen konnte Achab rechtlich nichts machen. Daß
er später durch Justizmord doch Besitzer des erwünschten Weinberges
geworden ist, dazu brauchte er, wie WELLHAUSEN trefflich bemerkt,
kein König zu sein.

---

[1] Vgl. J. WELLHAUSEN, Israel u. jüd. Gesch.⁸, Berlin 1921, S. 81.

1*

Das heilige Recht des Privateigentums wird später im zehnten Gebot des elohistischen Dekalogs zusammengefaßt: „Du sollst nicht deines Nächsten Haus begehren. Du sollst nicht deines Nächsten Weib begehren, noch seine Sklavin, noch sein Kind, noch seinen Esel, noch irgendwas, was deinem Nächsten gehört" (Ex 20, 17). Daß derartiges in der Praxis vorkam, zeigen die Einsprüche gegen Grenzverschiebung, הסגת גבול. „Die Führer Judas sind wie Leute geworden, die Grenzsteine verrücken; über sie will ich ausschütten wie Wasser meinen Zorn!"[1] „Wehe denen . . . die Felder begehren und an sich reißen, Häuser und sie wegnehmen, die den Herrn und sein Haus vergewaltigen, den Mann und sein Besitztum."[2] In Deuteronomium 19, 14 wird die Verrrückung der Grenzen des Nächsten verboten, die in 27, 17 mit dem Fluch belegt wird: „Verflucht sei, wer die Grenze seines Nächsten verrückt!"

Aus dem allen geht die rechtliche Unantastbarkeit des Privateigentums mit aller Klarheit hervor. Daß sich jedoch die Mächtigen vielfach über das Recht hinwegsetzten, ist ebenfalls in den Zitaten erwiesen. Als Ezechiel im Exil sein Idealprogramm aufstellte, nach dem in Zukunft der jüdische Staat regiert werden soll, will er den Gewalttaten seitens der Herrscher dadurch steuern, daß er ihnen ein bestimmtes und zwar großes Landgebiet als königliches Gut zuweist. „Das soll ihm als Grundbesitz in Israel gehören, damit (die Fürsten Israels) mein Volk fortan nicht mehr vergewaltigen, sondern das (übrige) Land dem Hause Israel nach seinen Stämmen überlassen" (Ez 45, 8).

In Zusammenhang mit dem Privateigentum steht das Erbrecht. An erster Stelle erbt der Sohn. Ist nur ein einziger Sohn da, so gehört ihm das ganze Vermögen (Ge 24, 36; 25, 5). Söhne der Kebsweiber bekommen nicht den gleichen Anteil, sondern das Ermessen des Vaters kann ihnen Geschenke zuteilen, sie aber auch von seinem eigentlichen Besitz verweisen (Ge 25, 6). Wenn keine Söhne als Erben da sind, so sind die Töchter erbberechtigt. Das ist aber erst in späterer Zeit der Fall gewesen, wie wir es bei den Töchtern Zelophchads sehen (Nu 27, 1 f.; 36, 6. Jos 17, 3). Dagegen hatten Rahel und Lea keinen Anteil am Hause ihres Vaters. Selbst der Leibeigene oder der Sklave ist der Erbe, wenn kein anderer da ist (Ge 15, 3). Beim Elohisten in der Notiz Ge 21, 10 liegt ein anderes Erbrecht vor. Da sagt Sara zu Abraham (und zwar nach Isaaks Geburt), als sie den Sohn der Ägypterin Hagar lachen sah: „Jage diese Magd und ihren Sohn weg; denn der Sohn dieser Magd soll nicht erben mit meinem Sohn, mit

---

[1] Hosea 5, 10.     [2] Micha 2, 2.

Isaak!" Wie dem auch im einzelnen sei, das Privateigentum (abgesehen von den Überresten des ursprünglichen Gemeinbesitzes, worüber gleich die Rede sein wird), ist in dieser Zeit Altisraels die einzige Form des Besitzes. Die Bedeutung dieser Tatsache für die Konzentrierung des Besitzes an Grund und Boden bedarf wohl keiner weiteren Ausführung.

Jedoch wäre verfehlt zu behaupten, daß die ursprüngliche Form des Besitzes — der Gemeinbesitz — ganz verschwunden war. Noch in späterer Zeit finden wir von ihm Überreste, womit zugleich bewiesen wird, wie diese Form des Besitzes früher tief ins Leben eingedrungen war. Damit hängt auch das Bestreben zusammen, den Besitz innerhalb der Familie zu behalten. Ist jemand gezwungen, seinen Grund und Boden zu verkaufen, so muß zuerst der Goel, d. i. der Löser, der der eigenen Familie angehört, diesen Besitz „einlösen", d. i. kaufen. Das wurde sogar in Zeiten größter Bedrängnis peinlich bewahrt. So kam zu Jeremia, als er in Jerusalem im Gefängnis war, und die Stadt von Nebukadnezar belagert wurde, sein Vetter Chanamel und sagte ihm, daß er seinen Acker in Anatot kaufen solle, „denn dir steht die Erbpflicht und (die Pflicht) des Verkaufs (der „Geula") zu". Und obwohl Jeremia damals seiner Freiheit beraubt war, kaufte er doch seinem Vetter das Feld ab [1]. Das Recht und die Pflicht der Familie in Fragen des Grundbesitzes reguliert noch später Levit. 25, 25. 47 ff., wo bestimmt wird: „Wenn dein Bruder verarmt und etwas von seinem Grundbesitz verkaufen muß, so soll sein nächster Verwandter als Löser vorgehen und das, was sein Verwandter verkaufen will, lösen." Dieses Familienrecht hat sich im Laufe der ganzen Zeit bewahrt. Noch in den Sprüchen wird davon geredet. „Verrücke nicht die Grenze (der Witwe) und mache keinen Eingriff in die verwaisten Äcker. Denn ihr Goel ist stark, der wird ihre Sache wider dich führen." [2] Am deutlichsten ist die Situation im Buche Ruth. Nachdem Boas den ersten Verwandten auf seine Pflicht, das Stück Land Noomi's zu kaufen und damit auch Ruth zu heiraten, aufmerksam gemacht hat und dieser darauf nicht eingeht, um nicht „sein eigenes Erbland zu verderben", kauft Boas Noomi den ganzen Besitz Elimelechs sowie den ganzen Besitz Kiljons und Machlons ab [3]. Sind die aufgeführten Fälle auch nur Beweise für das Recht und die Pflicht des Goel, d. i. der Familie und des Geschlechtes, worunter aber auch sehr häufig die Gemeinde zu verstehen ist (denn ein in einem Ort seßhaftes Geschlecht bildet auch gleichzeitig die Gemeinde), so fehlt es auch nicht an direkten Hinweisen auf den Gemeinbesitz der Gemeinde.

---

[1] Jeremia 32, 8 f.      [2] Spr 23, 10. 11.      [3] Ruth 4, 1—10.

So heißt es Micha 2, 4 f.: „Unser Eigentum wird mit der Schnur vermessen" und „darum (werdet Ihr) keinen haben, der die Meßschnur zieht und (das Los wirft) in der Gemeinde Jahwes". Dabei ist also an eine neue Verteilung des Gemeinbesitzes gedacht. Daraus sehen wir, daß es noch zur Zeit Michas, am Ende des 8. Jahrhunderts, Gemeinbesitz gab, der unter den Gemeindegliedern verlost wurde, wie es noch im heutigen Palästina bei der Verlosung des Miri-Landes der Fall ist [1]. Am wichtigsten aber ist vielleicht die Stelle in Jeremia 37, 12. Da wird erzählt, daß Jeremia, nachdem die Chaldäer wegen der Macht Pharaos genötigt waren, die Belagerung von Jerusalem aufzuheben, Jerusalem verließ und sich ins Gebiet von Benjamin begab, um לַחֲלִק מִשָּׁם בְּתוֹךְ הָעָם (sich an den Anteilen des Volkes zu beteiligen)." Für die Frage der Verlosung des Gemeinbesitzes haben wir einen weiteren Anhaltspunkt in Ezechiel Kap. 45 ff.[2]; denn er konnte sein Programm von der neuen Verteilung des Landes nur aufstellen, wenn bereits vor dem Exil derartige Richtlinien bestanden. Damit hängt auch die Auffassung über den גורל eng zusammen, die noch aus der Zeit der Okkupation herrühren dürfte. Bei Micha und Jeremia liegt aber die Vermutung nahe, daß es sich um eine periodische Verteilung handelt. Und doch sind das alles, wie gesagt, bloß Reste der ursprünglichen Form des Besitzes.

### 3. Herrenbesitz und königliche Lehnsgüter

Wie sind diese entstanden? Bevor wir aber auf diese Frage eingehen, müssen wir kurz die Stellung der Ältesten innerhalb des Geschlechtes skizzieren, da sie an der Spitze derselben standen und daher die wirtschaftlich Stärksten im Geschlechtsverbande sein mußten.

Im Prinzip ist der Älteste nur der primus inter pares (WEBER), aber diese seine erste Stellung gestaltet sich in der Wirklichkeit so, daß die Ältesten die Regierenden des Geschlechtes werden. Sie sind die Richter im Frieden und die Heerführer im Kriege (Dt 1, 15; 1. Sam 4, 3). Auch im Kulte stehen sie an der Spitze des Geschlechtes (Ex 12, 21). Als das lokale Prinzip in der Organisation des Geschlechtes zur Geltung kam, sind die früheren Geschlechtsältesten zu Stadtältesten geworden: so die Baalej von Sichem (Ri 9, 2 ff.) und die Ältesten von

---

[1] Siehe F. A. KLEIN in ZDPV 1881 S. 75. Die Bemerkung von H. GUTHE (bei KAUTZSCH), daß Mi 2, 5 wahrscheinlich ein Zusatz ist und nicht Micha selbst angehört, ist in diesem Falle von sekundärer Bedeutung.

[2] Damit soll nur angedeutet werden, wie noch im Exil und in der nachexilischen Zeit die Erinnerung an die ehemalige Form des Besitzes sich bewahrt hat.

Sukkoth (Ri 8, 14). Nur die Ältesten sind in politischen Fragen maßgebend. Wenn nicht die direkte Unterstützung der Baalej von Sichem gewesen wäre, hätte Abimelech nicht die Macht an sich reißen können. Die Ältesten von Gilead wählten Jephtach zu ihrem Häuptling (Ri 11, 5 ff.). Als David noch der Freibeuter von Siklag war, sandte er Geschenke an die Ältesten von Juda (1 Sam 30, 26). Was für ein politischer Zweck dahinter steht, ist klar. Der Einfluß und die Macht der Ältesten ist nicht mit der Entstehung des Königtums zugrunde gegangen. Die wichtigste Aufgabe der israelitisch-jüdischen Könige, wie der orientalischen überhaupt, war besonders Steuereintreibung und Kriegführung. Daher erklärt sich auch, daß die Macht der Zkenim in der ganzen Zeit des Königtums so stark war. Wie militärisch mächtig Abner auch war, er mußte dennoch mit den Ältesten von Israel Verhandlungen pflegen, um David auch das Königtum Sauls zu übergeben (2 Sam 3, 17), und den Vertrag mit David haben auch die Ältesten selbst geschlossen (2 Sam 5, 3). Sie scheuten sich auch nicht vor revolutionärer Opposition, wie das bei der Spaltung des Reiches zum Ausdruck kam. Auch vor Bluttaten schrecken die Zkenim im Moment des politischen Kampfes nicht zurück; so wandte sich Jehu nach der Revolution an sie, sie sollten die gesamte Dynastie Ahab ausrotten (2 Kg 10, 1 ff.). Auch die Richtergewalt übten sie während der ganzen Zeit der Königsherrschaft aus (Dt 22, 15 ff.), ja, gerade dort, wo es sich um einen königlichen Justizmord handelt, wie bei Naboth, mußte die Sanktion der Ältesten erreicht werden, indem sie selbst das Urteil vollstrecken sollten (1 Kg 21, 8 ff.).

Wie sind nun die Ältesten zu ihrer Machtstellung gelangt, oder richtiger: wie ist der Herrenbesitz entstanden, der solch eine Machtstellung ermöglichte? Im A. T. selbst finden wir für unsere Zeit keinen Anhaltspunkt, auf welche Art die Verteilung des Landes zuerst unter den Stämmen und den Geschlechtern, dann unter den einzelnen vorgenommen worden ist. Alle Überlieferungen, die wir darüber haben, gehören einer viel späteren Zeit an, doch wird man annehmen können, daß die stärkeren Geschlechter bei der Verteilung des Landes auch einen größeren Anteil bekommen haben. Die spätere Zeit hat sich das auch so vorgestellt. So die JE-Schicht in Jos 17, 14, wonach die Söhne Josephs Einspruch gegen ihren Anteil erhoben haben. „Warum hast du mir nur ein Los und einen Anteil zum Erbbesitz verliehen, obschon ich viele Leute zähle, da mich Jahwe bisher gesegnet hat?" Indes bezieht sich das nur höchstens mit auf den Besitz des gesamten Geschlechts. Wie stand es aber mit den Führern, den Häuptlingen? Zur Zeit der Einwanderung der Ibrim in Kanaan herrschten dort Fürsten

und Stadtkönige.  Die Macht und der Reichtum dieser kanaanitischen
Fürsten war auch für die israelitischen Häuptlinge verlockend.  Sie
wollten ihre Macht innerhalb des Geschlechts auch konkret zum Ausdruck bringen, indem sie für sich den größten Anteil an der eroberten
Beute und am eroberten Lande beanspruchten und auch bekamen.  So
hat die nomadische Häuptlingswürde zur Besitzdifferenzierung das Fundament gelegt.  MAX WEBER [1] unterscheidet sechs Arten, die zur Entstehung des Herreneigentums führen.  Das sind 1. die interne Differenzierung durch steigende militärische Technik und gesteigerte Qualität
der Ausrüstung, die für den ökonomisch abhängigen unerschwingbar
sind.  Diese interne Differenzierung vollzieht sich durch die Entstehung
eines Berufskriegerstandes.  Das Resultat ist, daß die militärisch Un-
fähigen immer wieder von den militärisch geschulten Schichten ab-
hängig werden, an die Scholle gebunden und dem Kriegerstand, ge-
waltsam oder freiwillig (durch Loskauf), Dienste und Abgaben leisten;
2. interne Differenzierung d u r c h  E r o b e r u n g  u n d  U n t e r w e r f u n g
e i n e r  f e i n d l i c h e n  B e v ö l k e r u n g.  Die unterworfene ansässige
Bevölkerung wird ursprünglich grausam abgeschlachtet, und erst später
verwendet man sie als Arbeitskraft (sie wird versklavt), oder sie wird
in die Hörigkeit gebracht; 3.  Differenzierung durch  f r e i w i l l i g e
E r g e b u n g  d e r  W a f f e n l o s e n  i n  d i e  H e r r s c h a f t  d e r  W e h r -
h a f t e n; 4.  d i e  g r u n d h e r r l i c h e  S i e d e l u n g.  Der Häuptling,
der über ein größeres Menschenmaterial verfügt, ist in der Lage, in
ganz anderem Umfang zu roden als der gemeine Bauer.  Das Resultat
ist, daß der Häuptling regelmäßig gegen Abgaben und Dienste verleiht, und es entsteht das sog. K o l o n a t [2].  Außerdem tritt auch die
G e l d -  und die  G e t r e i d e l e i h e  hinzu, was zur Akkumulation von
Menschen und Boden nicht wenig beiträgt; daher die große Rolle der
S c h u l d s k l a v e n  in der antiken Wirtschaft. 5. Entstehung des Herreneigentums durch  m a g i s c h e s  C h a r i s m a  und endlich 6. durch den
H a n d e l.  Der Handel liegt ursprünglich völlig in der Hand des
Häuptlings.  Eine große Einnahmequelle sind die  Z ö l l e, schließlich
der  E i g e n h a n d e l, der zum Monopol gestaltet wird.  Damit wachsen
die Mittel des Häuptlings, die ihm gestatten, in größerem Umfange
Darlehen zu geben und seine Stammesgenossen zu Schuldsklaven zu
machen.

---

[1] Wirtschaftsgeschichte, München-Leipzig 1923, S. 60 ff.
[2] Über das Kolonat in Israel überhaupt verweise ich auf W. CASPARIS aus-
führliche Arbeit („Das Alter des palästinischen Kolonats") im Archiv für Sozialwissen-
schaft und Sozialpolitik, Bd. 49 von 1922.

Von diesen sechs Arten führten in Israel hauptsächlich die zweite, dritte, vierte und sechste zur Entstehung des Herreneigentums. Wenn auch die Gborej - Chail als Krieger und die Kreter und Pleter als Söldnertruppen zu gelten haben, so kann von einem Kriegerstand und in früherer Zeit auch von einer militärischen Technik in Israel keine Rede sein. Anders dagegen die Differenzierung durch die Eroberung und Unterwerfung der feindlichen Bevölkerung, hauptsächlich in der späteren Zeit. Ebenso findet die dritte Art der Differenzierung für Israel Anwendung. Das zeigt der Fall Jephtach, obgleich die „Nichtsnutzigen", die sich ihm anschlossen, keinen militärischen Schutz brauchten, sondern sich in ihrem Elend auf gut Glück mit diesem Raubritter verbanden. Daß aber die Geld- und die Getreideleihe in der Akkumulation von Menschen und Boden die wichtigste Rolle in Israel gespielt hat, ist zur Genüge bekannt. Das war auch das wichtigste Moment in der Entwicklung der Sklaverei, worüber noch weiter unten die Rede sein wird. Was den Handel anbetrifft, so kommt er nur für die spätere Königszeit in Betracht. Das sind die allgemeinen Gesichtspunkte, die zur Entstehung des Herrenbesitzes führten. Wir können daher mit Sicherheit annehmen, daß bereits bei der Verteilung des Landes und der eroberten Beute das Fundament für die Ungleichheit des Besitzes gelegt wurde. Direkte Belege darüber haben wir zwar keine. Doch nutzen die Häuptlinge ihre Stellung ohne jede Frage aus, denn „in der Hand des Sippenhäuptlings lag auch die Verteilung des Landbesitzes an die Genossen" (WEBER). Denn ohne Frage beanspruchten die Ältesten für sich dasselbe Recht, das sie einem Jephtach zubilligten. Noch im Exil versieht Ezechiel die Fürsten mit einem ansehnlichen Gebiet. Und der P. läßt später Jahwe bestimmen, daß bei der Austeilung des Landes je ein Fürst von jedem Stamme hinzugezogen werden soll. Wir können daher behaupten, daß wir bereits bei der Verteilung des Landes auf den Einzelnen den Anfang der Ungleichheit des Besitzes haben, der sich später immer mehr und mehr zu einer wachsenden Differenzierung gestaltete. Gesetzt aber auch den Fall, daß bei der Verteilung des Landes das Bestreben, die Gleichheit des Besitzes unter den Einzelnen zu bewahren, geherrscht habe — und dieses Bestreben auch durchgeführt wurde —, so mußte doch im Laufe der Zeit, durch das Institut des Privateigentums eine Ungleichheit des Besitzes eintreten. Das bewirkt zunächst die Verschiedenheit in der Fruchtbarkeit des Bodens, ferner der Zuwachs der Glieder in einer Familie und gegensätzlich die Abnahme derselben in einer zweiten, was auf der einen Seite die Zersplitterung des Bodens, auf der anderen die Konzentrierung hervorruft.

Wie die Zersplitterung des Bodens und die Konzentrierung des
selben sich vollzogen hat, sehen wir aus der Erzählung von der Witwe
vor Elisa in 2 Kg 4, 1 ff. Sie klagt dem Propheten, daß ihr Mann
gestorben sei, und der Gläubiger komme, ihre beiden Kinder zu Sklaven
zu machen. In dieser Stelle kommt also zum Ausdruck, daß der
Schuldner auch mit seinen Angehörigen haftet, wenn zur Deckung
sein Besitz nicht ausreicht. Hätte die Witwe noch Besitz an Grund
und Boden, so wäre sie nicht genötigt, ihre Kinder den Gläubigern
auszuliefern. Sie war deshalb dazu gezwungen, weil sie nichts hatte,
„außer einer Flasche Öl". Und als sie dann, durch das Wunder des
Propheten, die sämtlichen geborgten Gefäße mit diesem Öl gefüllt hatte,
sagte ihr Elisa: „Geh, verkaufe das Öl und bezahle deine Schuld, und
du kannst mit deinen Söhnen von dem Übrigen leben". Hieraus ersehen wir, daß die Versklavung der Angehörigen bei einer Schuldverfehlung erst dann gesetzlich zulässig ist, wenn der Gläubiger vom
Schuldner nichts anderes bekommen kann, oder der Besitz nicht dazu
ausreicht, die Schulden zu decken.

Demnach spielte bei der Differenzierung der Klassen das Schuld-
wesen eine entscheidende Rolle. Auf die Schuldknechtung spielt Amos
an. Jahwe wird Israels Schandtaten deshalb nicht rückgängig machen,
„weil sie für Geld den Rechtschaffenen verkaufen und den Dürftigen
um eines Paars Schuhe willen" (Amos 2, 6; 8, 6). Nicht minder tritt
das bei den übrigen Propheten hervor. „Ihr gerade redet als Feind
gegen mein Volk, ihr zieht friedlichen Leuten den Mantel aus" (Mi 2, 8);
Vgl. auch Micha 2, 2. Im Zusammenhang damit sind die Zustände zu
erwähnen, die wir bei Nehemia finden. Denn wenn die Zeugnisse auch
jung sind, so sind sie doch nur eine Wiederspiegelung der vorexilischen
Verhältnisse. So schreibt Nehemia in seinen Memoiren (5, 1 ff.): „Es
erhob sich aber große Klage unter den Leuten und ihren Frauen gegen
ihre jüdischen Brüder. Die einen sagten: „Unsere Söhne und Töchter
(müssen wir verpfänden), damit wir Korn zum Essen kriegen und unser,
Leben fristen". Andere sagten: „Unsere Felder, Weinberge und Häuser
müssen wir verpfänden, um Korn in der Hungersnot zu kriegen".
Wieder andere sagten: „Wir haben infolge der Steuer an den König
Geld leihen müssen. Wir sind aber doch von gleichem Fleisch und
Blut wie unsere Brüder, und unsere Kinder ebenso gut wie ihre Kinder,
und doch müssen wir unsere Söhne und Töchter zu Sklaven erniedrigen;
ja, einige unserer Töchter sind dazu schon erniedrigt, und wir können
nichts dagegen machen; unsere Felder und Weinberge gehören ja (den
Adligen)". Die Situation war derart, daß es so nicht weiter gehen
konnte, und dem energischen Nehemia gelang es, die Adligen und die

Ratsherren auf die Gefahr aufmerksam zu machen und so den Schuldenerlaß, wie auch die Zurückgabe der Felder, Weinberge, Olivengärten
und Häuser an die Schuldner zu erzwingen. Diese Stelle in den Memoiren Nehemias, die für die Geschichte der sozialen Bewegung in
Israel von außerordentlicher Bedeutung ist, mag genügen, um die Rolle
des Schuldwesens in Israel klar vor Augen zu stellen. Gleichzeitig
aber sehen wir aus den geschilderten Tatsachen mit aller Deutlichkeit,
wie in der vorexilischen Zeit der Boden der kleinen Bauern durch die
Latifundienbesitzer aufgesogen wurde. So erscheint die Stellung der
israelitischen Häuptlinge, der Zkenim, in einem hellen Licht. Von
hier aus ist auch in erster Linie das Königtum zu verstehen. Denn wer war Saul anders als ein Vorsteher der aristo-
kratischen Familie Kisch? In der Beschreibung der Person Sauls
heißt es: „Als er mitten unter das Volk trat, überragte er jedermann
im Volk um Haupteslänge" [1]. „Ihm kommt im ganzen Volke keiner
gleich!" fügte Samuel hinzu [2]. Es ist klar, daß dies sich nicht auf die
physische Stärke Sauls bezieht. Als Saul sich einer Schar von herum-
wandernden Propheten zugesellte, wurde es zum Sprichwort: „Ist Saul
auch unter den Propheten?" Denn es ziemte sich nicht für diesen
Fürsten, der „jedermann im Volk um Haupteslänge überragte", zu den
kleinen Leuten der damaligen Propheten sich zu gesellen, die für ein
viertel Seckel Silber weissagten. Die Familie Kisch gehörte zu den
reichsten des Stammes Benjamin; dies geht daraus hervor, daß auch
Sauls Feldherr Abner demselben Stamme angehörte. Daß dieses
Königtum aus dem Großgrundbesitz hervorgegangen ist, sehen wir aus
einer Notiz in 1. Sam 10, 27 mit aller Deutlichkeit. Als Saul zum
König gewählt wurde, trat bereits eine Opposition gegen die Wahl
Sauls hervor. Einige Nichtsnutzige aber sagten: „Was kann uns der
helfen? verachteten ihn und brachten ihm kein Geschenk". Sie waren
mit der Wahl Sauls nicht einverstanden. Daraus könnte man zuerst
schließen, daß die Opposition, die dem neuen König Verachtung brachte,
den Besitzlosen angehöre, die immer den Kern einer revolutionären
Bewegung bilden. Hier trifft es aber nicht ganz zu. Ohne etwa zu
behaupten, daß an dieser Bewegung die arme Bevölkerung sich nicht
beteiligte, ist der Schluß des Satzes für die Bestimmung der sozialen
Gruppe, die an der Spitze stand, von Wichtigkeit. Denn nicht nur,
daß die „Nichtsnutzigen" mit ihrem passiven Proteste sich begnügt
hätten, sondern sie brachten dem König keine Geschenke,
mit anderen Worten: ein Teil der Besitzenden — und in diesem Falle

---

[1] 1 Sam 10, 23.    [2] 1 Sam 10, 24.

kann nur von Grundbesitzern die Rede sein — standen in Opposition.
Daß ferner diese Grundbesitzer nicht die Vorsteher des ganz kleinen
Besitzes gewesen sein dürften, ist aus ihrem mutigen Hervortreten zu
schließen.   Jedoch war die Partei Sauls im Übergewicht und beab-
sichtigte die Tötung der Rebellen[1], d. h. sie waren die mächtigen
Agrarier, die sich um das Murren der Kleineren nicht kümmerten[2].

So tritt der Charakter des Grundbesitzes klar hervor, und der
Besitz des Königs steht an erster Stelle.   Wenn der Umfang des Grundbesitzes Sauls in 1. Sam 11, 5 nicht deutlich wird, so können wir aus
späteren Angaben feststellen, wie groß er gewesen sein muß.   Als David
vor Absalom floh, begegnete ihm Ziba, der Diener Meribaals, mit einem
Paar gesattelter Esel und brachte ihm 200 Brote, 100 Rosinentrauben,
100 Obstkuchen und einen Schlauch Wein. Auf seine Frage, wo Meribaal
selbst sei, erhielt David die Antwort, daß er in Jerusalem geblieben
wäre, „weil er dachte: Nun wird das Haus Israel mir das Königtum
meines Vaters zurückgeben". Das veranlaßte David, den Besitz
Meribaals an Ziba zu übergeben.   Nachdem Meribaal David den wirklichen Sachverhalt erzählte und daß sein Diener ihn verleumdet habe,
bestimmte David, daß das königliche Gut Meribaals zwischen ihm und
Ziba geteilt werden soll, womit beide zufrieden waren[3].   Daraus folgt,
daß David den Besitz Sauls als eigentliches Krongut behandelte.   Dem
Bunde mit Jonatan treu bleibend, übergibt er Meribaal das ganze
Krongut Sauls[4].   So wird es auch bei revolutionären Umwälzungen
gewesen sein; die Krongüter der gestürzten Dynastien pflegten wohl in
der Regel in den Besitz der neuen Herrscher überzugehen.

Werfen wir nun einen Blick auf den Großgrundbesitz der späteren
Könige, so kann das Resultat der Untersuchung nur bestätigen, daß
der König der erste Vertreter der Großagrarier ist.   Aus dem Be-
nehmen Isais, seinem Geschenk an den Hauptmann, an seinem Vieh usw.
ist auch die Zugehörigkeit Davids zu den vornehmen Familien Judas
klar.   Was für Güter Achab besaß, sehen wir daraus, daß er bereit war, Naboth einen besseren Weinberg zu geben, der aber,
so muß man annehmen, nicht so günstig gelegen war (1 Kg 21, 1 ff.).
Nicht geringer waren auch der Besitz des Königs Usijahu, wenn wir
die Notiz in 2 Chr. 26, 10 als geschichtlich annehmen.   Da heißt es:
„. . . . . Er ließ zahlreiche Zisternen ausbauen, denn er hatte große
Herden, sowohl in der Niederung als in der Ebene, (und) Ackerleute

---

[1] 1 Sam 11, 2, was sich unmittelbar an 10, 27 anschließt (ED. MEYER).
[2] Vgl. CASPARI a. a. O. S. 87, der sie ebenfalls nicht als reiche Grundherren betrachtet.    [3] 2 Sam 16, 1 ff.; 19, 30.    [4] 2 Sam 9, 7.

und Winzer auf den Bergen und im Fruchtgefilde; denn er liebte den Landbau" [1].

Eine andere Frage ist es, ob es in Israel auch königliche Lehns - güter gab. Diese Frage ist zu bejahen. Wir wollen zunächst von den Gütern Davids sprechen, von denen Ahabs war bereits die Rede. Dabei muß aber beachtet werden, daß im Süden der Großbesitz an Vieh an erster und derjenige an Grund und Boden an zweiter Stelle steht. Gleichwohl ist David ein Häuptling mit reichem Land- besitz. Gegen Saul versichert er sich der Mithilfe der Höflinge, indem er ihnen Güter verspricht. Damit hatte er gewonnenes Spiel. So fragte Saul verzweifelt seine Diener: „Höret doch, ihr Benjaminiten! Wird wohl der Sohn Isais euch allen a u c h Felder und Weinberge schenken (und) euch alle zu Hauptleuten über Tausend und über Hundert machen, daß ihr euch alle wider mich verschworen habt?" (1 Sam 22, 7). Weiteren Aufschluß darüber gibt 1 Sam 8, 10 ff., ein Beweis der traurigen Erfahrung an einem despotischem Königtum. Nachdem Samuel die Ältesten Israels gewarnt hat, einen König zu wählen, schilderte er dem Volke das Recht, welches der König anwenden wird. Das Wich- tigste ist, „. . . von euren Feldern, Weinbergen und Ölpflanzungen wird er die besten nehmen und sie seinen Beamten geben" (1 Sam 8, 14). Hier kommt nicht nur die absolute Gewalt des Königs zum Ausdruck, sondern auch — was im Zusammenhange von Be- deutung ist —, daß der König Güter an seine Beamten verleiht. Ob dieser Satz bereits zur salomonischen Zeit entstanden ist, oder wesentlich später, ist eine untergeordnete Frage. Als Charakteristikum für den Besitz Davids mag vielleicht der Ausdruck „Ir-David" (Davids Stadt) gelten. Daß ganze Städte dem Könige gehören, wissen wir aus 1 Kg 9, 16, wonach Salomos Frau von ihrem Vater, dem Pharao, die Stadt Gezer als Mitgift bekommen hat. Zum Schluß soll noch die Tatsache erwähnt werden, daß Salomo an Hieram von Tyrus 20 Städte (oder, was noch wahrscheinlicher ist: ein gewisses Gebiet m i t 20 Städten) in der Landschaft Galiläa gegen 120 Talente Gold abge- treten hat, was für den Umfang seines Besitzes spricht. Vielleicht war auch in den Lieferungen von Weizen an Hiram ein Teil von den königlichen Gütern selbst. Jedenfalls könnte man das aus 1 Kg 5, 25 schließen. Daß aber die Städte in Galiläa lagen, d. h. weit entfernt von der Residenz, kann gar nicht befremden. Dafür haben wir ein gutes Beispiel: Die Stadt Siklag, die David seinerzeit als Freibeuter

---

[1] Daß bei einem judäischen König zuerst die Herden aufgeführt werden, ist nur natürlich.

von dem Philisterkönig Achisch bekommen hat, war auch das Gut
aller späteren Könige Judas.

## 4. Großgrundbesitz

Neben den Krongütern steht der Großgrundbesitz des Privatmannes.
Doch ist es schwer, den Reichtum des Großagrariers an Grund und
Boden von seinem Vermögen an Vieh zu trennen: Wie schon erwähnt,
muß dabei immer betont werden, daß wir in Israel zwei verschiedene
Arten von Besitz scharf voneinander zu unterscheiden haben. Denn
während im Norden der Ackerbau an erster Stelle steht, ist für den
Süden und zum Teil auch für das Ostjordanland die Viehzucht nach
wie vor das Ausschlaggebende im Wirtschaftsleben [1]. Die Fruchtbarkeit
Palästinas ist im allgemeinen eine mittelmäßige. Zwar gilt nach dem
A. T. das ganze Land als ein Land, wo Milch und Honig fließt. Dieser
Lobpreis stammt aus einer Zeit, wo man im Begriff war, das Land zu
verlassen und daher alles nur in hellem Licht erschien. Doch sind
einzelne Teile des Landes wirklich sehr fruchtbar. Der Jahwist weiß
sogar von hundertfältigem Ertrag der Felder zu sprechen (Ge 26, 12).
Das wird allerdings übertrieben sein; denn in dem heutigen Palästina
wird ein zwölffacher Ertrag als sehr günstig betrachtet, durchschnittlich ist er aber nur ein sechsfacher der Saatkörner [2]. Der beste Beleg
für die Fruchtbarkeit Palästinas in der älteren Zeit sind wohl die
Reisebeschreibungen des Ägypters Sinuhe [3]. So berichtet er in seinem
Roman: „Feigen gab es darin und Weintrauben, und mehr Wein als
Wasser. Honig reichlich, und zahlreich sein Öl, und alle Arten von
Früchten hingen an seinen Bäumen. Weizen gab es darin und Gerste
und allerlei Herden ohne Zahl." Auch Tacitus weiß von der Fruchtbarkeit Palästinas zu erzählen, und die Fruchtbarkeit der Jerichogegend
(der עִיר הַתְּמָרִים) ist aus Josephus bekannt, wenn man auch BERTHOLET
zustimmen muß, daß dieser in seinem Lob zu überschwenglich ist.
Nicht zuletzt können als Beweis die Namen der Ortschaften selbst
dienen. So finden wir in der Palästinaliste Thutmosis III. unter den
aufgeführten Städten ein Ma sa-ḫa („Salbplatz", wo es viel Öl gibt?);
ein K(e)b⸗'su-ma-n (גֶּבַע־שֶׁמֶן „fetter Hügel"); ein Ka-ra-ma-n (כְּרָמִים =

---

[1] Vgl. WELLHAUSEN, a. a. O. S. 80; damit soll nicht etwa geleugnet werden, daß
auch in anderen Teilen des Landes, z. B. in den Ebenen Saron und Jesreel, wie
auch im Gebiete Gilead und Basan, es gute Weide für das Vieh gab.

[2] Siehe F. A. KLEIN ZDPV Bd. IV, S. 78.

[3] Vgl. BERTHOLET, Kulturgeschichte Israels, Göttingen 1920, S. 5.

„Weingärten") u. a. m.[1] So auch „Nachal-Eschkol" (Num 13, 24) = „Traubental" (BERTHOLET). Daneben stehen die direkten Belege. „Siehe, ich habe zurecht gemacht Speisen, Rauschgetränk, Öl, Getreide, Rinder, . . . für die Krieger des Königs, meines Herrn," berichtet der Vasall Widia von Askalon an „die Sonne vom Himmel"[2], und in seinem zweiten Brief (N. 325) fügt er noch Stroh hinzu. Was die verschiedenen Grade der Fruchtbarkeit in Palästina betrifft, so ist die Reihenfolge etwa die: die Ebenen Saron und Jesreel, der Karmel und die Gebiete weiter nördlich bis zur phönikischen Grenze (Ackerbau und Baumzucht), das Ostjordanland (nicht nur Viehzucht, sondern auch Ackerbau), und zuletzt das Gebirge Juda (der typische Boden für Vieh, besonders Kleinviehzucht)[3].

Als Vertreter des Großbetriebes in der Viehzucht können wir Nabal von Maon (im Gebiet des Karmel) nennen. Er besaß an Kleinvieh allein 4000 Stück (1 Sam 25, 2). Es wäre aber verfehlt anzunehmen, daß Nabals Besitz an Grund und Boden gering war, wenn derselbe auch nicht als hochwertig anzusprechen ist. Zu dem Besitz und zum Weiden von 4000 Stück Vieh muß ein ganz beträchtliches Territorium gehört haben. Wie mächtig sich dieser Großgrundbesitzer fühlte, zeigt seine Antwort an David. Als David um Brot und andere Speisen bittet als Lohn dafür, daß er mit seinen Leuten Nabals Hirten nichts Böses angetan habe, lehnte Nabal das Ansinnen mit dem Bemerken ab, ihm sei bekannt, wie in der jetzigen Zeit vielfach die Sklaven ihren Herrn verließen[4]. Als König nahm David Abigail, die Frau Nabals zur Frau; aus ihrer Mitgift, die sie dem König brachte, darf man auf den Reichtum Nabals wohl Rückschlüsse machen[5].

Als zweiter Magnat tritt Barsillaj, der Gileaditer hervor. Er war ein Anhänger Davids. Als David vor Absalom nach Gilead geflohen war, unterhielt ihn Barsillaj mit seiner Truppe. Diese kurze Notiz zeigt mit aller Deutlichkeit, wie groß der Reichtum Barsillajs gewesen sein muß. Durch seine Hilfe hatte David die Möglichkeit auszuharren. Barsillaj konnte nur deshalb wagen, sich offen auf Davids Seite zu stellen und ihn zu unterstützen, obgleich die politische Lage für David ungünstig war, „weil er ein starker Mann war".

Neben Nabal und Barsillaj kennen wir als Großgrundbesitzer noch die bereits erwähnten Naboth und Semer, aber auch den Benjaminiten

---

[1] MAX MÜLLER, Die Palästinaliste Thutmosis 111 S. 13 ff. (Mitteilungen der vorderasiatischen Gesellschaft).     [2] KNUDTZON, ebenda S. 933 Nr. 324.

[3] Vgl. Bertholet a. a. O. S. 11.     [4] 1 Sam 25, 10.

[5] Wir begnügen uns für den Süden nur mit dem Fall Nabal.

Simei, der der erste offene Gegner Davids war.  Daß Naboth nicht
nur den einzigen Weinberg — und nur ihn allein als Erbe besaß —
ist wohl aus seiner dreisten Antwort an Achab zu erkennen.  Ein kleiner
Grundbesitzer würde einem König kaum so antworten, wenn er auch
von seinem Recht überzeugt ist.  Was den Benjaminiten Simei und
Seba ben Bichri angeht, so ist mit Sicherheit anzunehmen, daß sie die
Vornehmsten, d. i. die größten Besitzer ihres Stammes waren; sonst
könnten sie nicht an der Spitze der antidavidischen Bewegung stehen,
deren Ziel es war, das Königtum für Benjamin wieder zu gewinnen.

Die Vertreter des Großgrundbesitzes finden sich naturgemäß in
den fruchtbarsten Teilen Palästinas.  Daß wir aber diese wenigen Namen
der Großbesitzer kennen, ist ein Zufall; sie sind vielleicht nur deshalb
genannt, weil ihre Besitztümer unweit der beiden Hauptstädte waren
(ausgenommen Barsillaj) und ihre politische Stellung bemerkenswert
erschien.  Auch diejenigen, die an der Königstafel speisten, und deren
Kinder am Königshofe lebten, waren sicher die Angehörigen des Großgrundbesitzes.  Das geht aus dem folgenden Bericht hervor.  Als David,
d. h. genauer Joab, über Absalom siegte, und er nach Jerusalem zurück-
kehren konnte, forderte er Barsillaj auf, mit ihm nach Jerusalem zu
gehen und an der Königstafel mitzuspeisen, als Dank dafür, daß jener
ihm in Machanaim geholfen habe.  Barsillaj lehnte die Einladung wegen
seines hohen Alters ab.  Er würde seinem königlichen Herrn nur zur
Last fallen; an seiner Statt aber bat er den König, Kimham nach
Jerusalem zu nehmen (2 Sam 19, 34 ff.).  Wer dieser Kimham war, wissen
wir nicht.  Wir erfahren nur, daß David in seinem Testamente (nach
der Dt Erzählung) ausdrücklich forderte, daß man sich der Söhne des
Gileaditer Barsillaj freundlich annehme und sie am Königstische mit-
speisen ließe, „denn sie sind mir ebenso entgegengekommen, als ich vor
deinem Bruder Absalom fliehen mußte" (1 Kg 2, 7).  Danach wird
Kimham wohl einer der Söhne Barsillajs gewesen sein[1].

Als Jerobeam und die Ältesten Israels zu Rehabeam kamen, um
ihre Forderungen zu unterbreiten, da beriet sich Rehabeam zuerst mit
den Ältesten, mit den Ratgebern, die um ihn standen; diese empfahlen
ihm auch dringend, nachzugeben. Das entsprach aber nicht dem Wunsche
Rehabeams, und er „beriet sich dann mit den Jungen (eigentlich:
Kindern, הַיְלָדִים), die mit ihm groß geworden waren und (die) ihm zur
Seite standen".  Es fragt sich nun, wer diese „Jungen" waren, deren
Rat es zu verdanken war, daß das Reich sich gespalten hat?  Nach
dem oben Gesagten kann es keinem Zweifel unterliegen, daß diese

---

[1] Vgl. KAUTZSCH [4] 2 Sam 19, 39.

Jungen, Söhne oder Enkel der agrarischen Aristokratie waren. Das sind die עַבְדֵי הַמֶּלֶךְ (die königlichen Knechte), die an der Salbung Adonias (1 Kg 1, 9), wie an der Salomons (1, 33) teilnahmen, die an Salomos Tafel speisten und deren hohe Stellung die Sabäer-Königin bewunderte (10, 5). Was die Zahl der israelitischen Großgrundbesitzer anbetrifft, so können wir nur aus der gleich unten folgenden Gesamtzahl der großen und mittleren Besitzer ein ungefähres Bild bekommen.

## 5. Mittlerer Grundbesitz und Kleinbauern

Die mittleren Grundbesitzer bilden die Klasse auf dem flachen Lande, die nach der armen Bevölkerung den Druck der königlichen Nizibim und Sarim zu spüren haben. Außerdem bildet der mittlere Grundbesitz (also die ganze Bauernmasse) die Grundlage des gesamten wirtschaftlichen Lebens und des Heerwesens. In der Frage der Steuern sind sie der am meisten leidende Teil. Denn das Proletariat kann dem König und dem großen Herrn außer seinem Leib nichts geben; was andererseits die Großgrundbesitzer betrifft, so wird man annehmen, daß sie ihren Einfluß am Hofe auch zu ihrer steuerlichen Entlastung ausnutzten. Von der Zahl der Grundbesitzer, in diesem Falle der Groß- und der mittleren Grundbesitzer, haben wir durch die Steuermaßnahmen des Königs Menahem von Israel eine gute Vorstellung. Als in seiner Regierungszeit der Assyrerkönig Phul (d. i. Thiglath-Pileser IV 745—727) in Israel eingedrungen war, gab ihm Menahem 1000 Talente Silber, „damit er ihm Beistand leiste"[1]. Diese 1000 Talente Silber brachte der Usurpator auf, indem er jeden Gibor-Chajil von Israel mit 50 Sekel besteuerte[2]. Wir wollen zuerst die Zahl der Giborej-Chajil (nach der KAUTZschen Übersetzung: der „Vermögenden") feststellen. 1 Talent (כִּכַּר) Silber = 3000 Sekel; 1000 Talente = 3 000 000 Sekel. Diese 3 000 000 Sekel sind auf alle Giborej-Chajil Israels umgelegt worden, und zwar, wie wir bereits gehört haben, 50 Sekel auf jeden Gibor-Chajil. Wir bekommen daher die Zahl von 60 000 „Vermögenden". Nun entsteht die Frage, wer diese „Giborej-Chajil" sind? Der buchstäbliche Sinn dieses zusammengesetzten Substantivums ist „Kriegs-Helden", und das entspricht auch dem wirklichen Sachverhalt. Wir sehen, daß die Krieger Besitzende sind. Da wir aber weiter wissen, daß für die damalige Zeit der Besitz hauptsächlich im Grund und Boden bestand und ferner,

---

[1] 2 Kg 15, 19.   [2] Ebenda 15, 20.

daß waffenberechtigt im Altertum nur Grundbesitzer waren, so werden
wir auch hier unter den Giborej - Chajil die Grundbesitzer Israels
schlechthin zu verstehen haben.   Die Annahme Buhls, daß „Giborej-
Chajil" „Großgrundbesitzer" bedeutet, muß als verfehlt betrachtet werden,
denn es ist eine Unmöglichkeit, daß in Israel 60 000 Großgrundbesitzer
waren, wo die G e s a m t b e v ö l k e r u n g des Königtums Israel, wie wir es
später sehen werden, auf nur ungefähr 750 000 berechnet werden kann [1].
Daß wir es hier im a l l g e m e i n e n mit Grundbesitzern zu tun haben,
geht auch aus den Annalen Sargons hervor.   So lesen wir in seinem
Bericht über die Eroberung Samarias: „. . . . . 27 290 Einwohner
schleppte ich fort, 50 Streitwagen als meine königliche Streitmacht hob
ich dort aus".   Diese Zahl liefert eine gute Bestätigung für die Zahl
der Steuerzahlenden zur Zeit Menahems, da Sargon sicher nur die
Großgrundbesitzer und die Elite von Israel deportierte, wie es später
Nebukadnezar mit Jerusalem getan hat.   Ist bei der Besteuerung an
die Grundbesitzer im allgemeinen gedacht, so geht daraus hervor, wie
der Großgrundbesitz seitens der Regierung geschont wurde.   Denn das
Verfahren Menahems war — eine g l e i c h e  B e s t e u e r u n g  a l l e r
G r u n d b e s i t z e r, d. h. d i e  M a g n a t e n  h a t t e n  e b e n f a l l s  n u r
50 S e k e l  a u f z u b r i n g e n.   So sehen wir, wie in Fragen der Steuern,
der mittlere Grundbesitzer der leidende Teil war [2].

Die Zahl der 60 000 Grundbesitzer, die wir gewonnen haben, gilt
aber nur vom Königtum Israel, so daß wir, um das Bild zu vervoll-
ständigen, auch noch die Zahl der Grundbesitzer Judas zu ermitteln
haben.   Ganz allgemein können wir diese — der Größe des Landes
entsprechend — nicht höher als auf $1/4$ oder $1/3$ derjenigen von Israel
schätzen.   Die Ansetzung von 20 000 judäischer Grundbesitzer, die sich
daraus ergeben würde, findet eine Bestätigung in den Quellen.   So
heißt es 2 Kg 24, 14, daß die Zahl der ersten judäischen Deportierten
nach Babylon 10 000 war, unter denen 7000 Kriegsleute und 1000
Schlossermeister und Schmiede waren.   Der Rest war die Elite Jerusalems.   Unter diesen 7000 Kriegsmännern haben wir nun auch die
Giborej-Chajil zu verstehen, von denen hier die Rede ist.   Nun waren

---

[1] F. Buhl, Die sozialen Verhältnisse der Israeliten, Berlin 1899.   Auch Weber,
a. a. O. S. 19 f. ist geneigt, durch „größte Besitzer" zu übersetzen, wo er allerdings
zugibt, daß zuweilen es allgemein „Kriegsleute" sind.   So übersetzt auch Ed. Meyer
„Giborej-Chajil" durch „Kriegsleute" und durch „Grundbesitzer".

[2] Zu der Klasse der mittleren Grundbesitzer werden wir auch den Propheten
Elisa rechnen können, der ein reicher Bauer war (1 Kg 19, 19).   Auch Jeremia werden
wir seinem Besitze nach dieser Klasse zuschreiben können (Jer 32, 6 ff.).   Anders ist
es mit dem Priester Abjathar (1 Kg 2, 26), der in Anathoth ein Gut besaß.

diese 7000 Giborej-Chajil bzw. Grundbesitzer der ersten Deportation nur ein Teil der judäischen Grundbesitzer. ED. MEYER schätzt die Gesamtzahl der nach Babylon deportierten Judäer (nach der ersten und zweiten Zerstörung Jerusalems) auf 40—50000 Mann. Wenn wir nun von dieser Zahl die städtische Aristokratie, ferner die Schlossermeister und Schmiede und, nicht zuletzt, auch einen Teil der Krieger abziehen, die nicht nur den Grundbesitzern angehörten, so werden wir ungefähr die Hälfte, also 20000 judäische deportierte Grundbesitzer haben. Daß aber von den 80000 Grundbesitzern (60000 in Israel und 20000 in Juda) die überwältigende Mehrheit aus den mittleren und kleinen Bauern bestand, versteht sich von selbst.

Fassen wir nun die Agrarverhältnisse in Israel vor dem Exil kurz zusammen, so ergibt sich: 1. die ursprüngliche Form des Besitzes an Grund und Boden, der Gemeinbesitz, ist noch hier und da als Überreste bis in die spätere Zeit erhalten; 2. das an die Stelle des Gemeinbesitzes tretende Privateigentum hat das Fundament zu der späteren Differenzierung der Klassen gelegt. Diese Form des Besitzes hat geschaffen: a) den Herrenbesitz und die hierher zu rechnenden Krongüter; b) den Großgrundbesitz; c) den mittleren Grundbesitz, dessen Besitzer die Zahl von b weit übersteigen und d) den kleinen Grundbesitz. Die kleinen Grundbesitzer werden die überwiegende Mehrheit der ländlichen Bevölkerung gebildet haben. Mit der weiteren Zersplitterung ihres Bodens können die kleinen Bauern sich nicht mehr halten und geraten mit zwingender Notwendigkeit in die Schuldknechtschaft.

Wie diese Zustände auf das gesamte soziale und politische Leben des Volkes gewirkt haben, werden wir weiter unten sehen.

---

Zweites Kapitel

# Die wirtschaftliche Entwicklung und die Gesamtbevölkerung

## 1. Die Art der Wirtschaft

Wenn auch bei einem Ackerbau- und Viehzucht treibenden Volk, wie das israelitische es war, die Agrarverhältnisse unbestritten den

2*

wichtigsten Faktor für die sozialen und politischen Zustände des Landes
darstellen, so darf doch keineswegs die wirtschaftliche Entwicklung als
solche mit all den damit zusammenhängenden Fragen außer Acht ge-
lassen werden.

Was für eine Wirtschaftsform haben wir in Israel: eine Haus-,
Stadt- oder Volkswirtschaft? Die Frage so schlechthin zu stellen, wäre
ebenso falsch, wie sie dann summarisch zu bejahen oder zu verneinen.
Es ist klar, daß wir diese Frage nur für gewisse Epochen beantworten
können. Wir bedienen uns für die Wirtschaftsgeschichte Israels derselben Einteilung, die für die Weltgeschichte im allgemeinen künstlich
gemacht wird; wir unterscheiden in der Wirtschaftsgeschichte Israels
drei Epochen: das Altertum, das Mittelalter und die Neuzeit. Das
Altertum würde dann die Zeit von ungefähr 1400—1025 umfassen;
das Mittelalter, das wiederum in zwei Epochen zerfällt: bis zur reli-
giösen Bewegung (ungefähr 850) und dann bis zum babylonischen Exil:
1025—586, und die Neuzeit von 586 ab.

Bis zur Zeit Sauls war Israel nur Herr des platten Landes, in
der Stadt herrschten nach wie vor die Kanaanäer. Die Haupt- oder
vielmehr die einzige Beschäftigung war die Landwirtschaft. Der Bauer
produzierte, was er für seinen eigenen Gebrauch nötig hatte; höchstens
fand innerhalb des Geschlechts ein Austausch statt. Das ist die Periode
der geschlossenen Hauswirtschaft, wo „der Kreislauf der Güter von
der Produktion bis Konsumtion sich im geschlossenen Kreise des Hauses
vollzieht"[1]. Dagegen bestreitet Ed. Meyer, daß es jemals eine in diesem
Sinne absolut geschlossene Wirtschaft gab, denn der Metallarbeiter
habe immer Nachfrage nach seinen Erzeugnissen gefunden. Aber mit
Unrecht; denn wo keine Beziehung zwischen Haus und Haus oder auch
Geschlecht und Geschlecht ist, kann auch kein Warentausch stattfinden. Daß wir aber in Israel schon zur Zeit Deboras nicht nur eine
ausgeprägte Differenzierung der Klassen haben (die sich allerdings auch
sehr gut in der Epoche der geschlossenen Hauswirtschaft entwickeln
kann), sondern es auch mit einigen Stämmen zu tun haben, die sich
zum Teil mit Handel beschäftigen, haben wir oben gesehen. Die Rolle
des Karawanenhandels zu allen Zeiten ist bekannt.

Siegreiche Kriege außerhalb und innerhalb Palästinas, die Unterjochung der kanaanitischen Bevölkerung, machen Israel auch zum Besitzer der Stadt. Der Handel, der von der Einwanderung der Benej-
Israel bis dahin vollständig in den Händen der kanaanitischen Bevölkerung war, ist nun vorwiegend in die Hände Israels übergegangen.

---

[1] Bücher, Die Entstehung der Volkswirtschaft, Tübingen 1893, S. 14.

Natürlich spielte der phönikische Handel nach wie vor eine große Rolle. Die Periode der Stadtwirtschaft, begonnen unter Saul mit dem Höhepunkt unter David und Salomo, umfaßt ungefähr die Zeit von 1025 – 960, wobei wir nur das erste Dezennium der Regierungszeit Salomons mit in Rechnung ziehen. Der israelitische Bauer findet in der Stadt eine Nachfrage nach seinen landwirtschaftlichen Erzeugnissen; dies ermöglicht ihm, seine Haus- und Landwirtschaftsgeräte, die er früher selbst fertigstellte, einzukaufen. Das damals schon vorhandene Geld trug zur raschen Entwicklung des Handwerks bei. Es wäre daher nichts falscher, als von einer Autarkie (einer Selbstgenügsamkeit) schon in dieser Periode zu sprechen. Wo finden wir hier den Oikos als Mittelpunkt? Ein erweiterter Haushalt durch Sklaven trifft für die Landwirtschaft als solche ohne weiteres zu, wo werden aber die verschiedenen Handwerker, der Architekt, der Künstler, der Gold- und Erzschmied, der Walker und der Weber, der Färber und der Töpfer, der Schuster und der Gerber, der Zimmermann und der Steinhauer, der Fischer und der Bäcker untergebracht? Dazu kommen noch die Krämer, die Kaufleute, die Matrosen, der Musiker und der Wahrsager; der Haarschneider und der Salbenmischer sind ebenfalls Berufsleute, vom Priester und Leviten, die ohne Grundbesitz waren, nicht zu reden. Diese israelitischen Demiurgen machen einen erheblichen Teil der Gesamtbevölkerung aus. Wie stark das Proletariat — im weiten Sinne — in Israel entwickelt war, werden wir noch sehen, doch sei schon hier erwähnt, welchen Kampf die Tagelöhner zu führen hatten, um die gesetzliche Bestimmung zu erlangen, daß der Tagelohn noch am selben Tage ausgezahlt werde (Dt 24, 14 f.). Zwar erkennt auch Bücher die Existenz der Lohnarbeiter an, ohne aber daraus die weiteren Konsequenzen zu ziehen. So sehen wir, daß auch für Israel, wo wir die Entwicklung der Wirtschaft ebenso wie in Griechenland von Anfang an verfolgen können, die Büchersche Theorie den historischen Tatsachen und Quellen völlig widerspricht. Welcher Handelsverkehr in Palästina zur Amarnazeit bestand, geht aus den Briefen deutlich hervor. Wenn aber schon in Israel bei Beginn der Salomonischen Zeit von geschlossener Hauswirtschaft keine Rede sein kann, um so weniger in der folgenden Periode, wo wir es bereits mit einem entwickelten Handel zu tun haben.

## 2. Handwerk und Industrie

Natürlich steht an erster Stelle die Metallverarbeitung. Der Schmied spielt seit jeher auch im israelitischen Wirtschaftsleben eine wichtige

Rolle. Die Betätigung des Schmiedes war schon im Beduinenleben möglich, wie es noch heutzutage der Fall ist. Hat aber die neue Lebensweise, nämlich die Seßhaftigkeit, die Entwicklung des Handwerks nicht nur bedingt, sondern zum Teil auch weiter gefördert, so waren noch zur Zeit Salomos keine Fachleute, Künstler in Erzarbeit usw. im Lande vorhanden. Alle Arbeiter für die Salomonischen Tempel führte z. B. ein Tyrier aus (1 Kg 7, 13 f.). Andererseits wissen wir, daß Salomo Panzer aus Gold, Rehabeam solche aus Erz verfertigen ließ; daß hier fremde Meister tätig waren, wird nicht erwähnt. Später finden wir in Israel qualifizierte Metallarbeiter zur Genüge (2 Kg 12, 12 ff.; 22, 6). Es ist auch bekannt, daß sich unter der Elite, die Nebukadnezar nach Babylon deportierte, auch alle Schmiede und Schlosser befanden.

Strittig wird wohl die Frage bleiben, ob wir in Israel auch von Bergbau sprechen können, immerhin scheint es, daß Salomo gewisse Besitzungen auf dem Libanon hatte und sie dem Bergbau erschloß [1]. Daß aber bereits zur Zeit Salomos der Metallguß in Israel hoch entwickelt war, ist unbestreitbar. Schon David hat die Bevölkerung von Rabath-Ammon versklavt und sie zur Zwangsarbeit bei den Sägen, eisernen Piken und Äxten verwendet. Ähnlich hat er es auch mit der Bevölkerung aller anderen Städte von Ammon gemacht (2 Sam 12, 31). Dabei ist schwer zu erkennen, ob er diese Fronarbeiter zur Herstellung der Piken und Äxte selbst verwendet hat, oder aber zu Bauunternehmungen, wo diese Geräte Verwendung fanden. In der Zeit Salomos wurde das Metall „in der Jordanaue zwischen Sukkoth und Sarethan" gegossen, also in einem Gebiet, das dem eigenen Königreiche angehörte. Aber schon die Menge der verschiedenen Metallgeräte, die für den Tempel und für die Paläste gegossen wurden, die Säulen, die 18 Ellen (ungefähr 9 m) hoch waren usw. weisen darauf hin, daß wir es um diese Zeit mit einer entwickelten Metallverarbeitung zu tun haben. So verbietet auch der Dekalog den Guß von Gottesbildern. Außerdem wissen wir, daß Jerobeam I. (um 950) zwei goldene Kälber machen ließ, die den Zustrom Israels nach Jerusalem dämmen sollten. Die Verfertigung dieser goldenen Kälber hat keine Schwierigkeit gemacht, und sie wurden im Lande selbst hergestellt (vgl. auch Ex 32, 3 f. 24). Aber schon das Vorhandensein des Geldes selbst ist ja der beste Beweis für einen entwickelten Metallguß [2]. Daß die Metallverarbeitung in der späteren Zeit nicht nachgelassen hat, sehen wir aus

---

[1] 1 Kg 9, 19. S. auch R. Kittel, Geschichte des Volkes Israel, II[4], S. 196.

[2] Wie falsch daher die Ansicht Benzingers ist (Hebräische Archäologie, Tübingen 1907, S. 149: „zum Eisenguß brachten sie (die Israeliten) es nicht"), läßt sich aus dem Angeführten mit aller Deutlichkeit sehen.

Dt 4, 20; 1 Kg 8, 51; Jer 11, 4, wo überall vom „Eisen-Ofen" die Rede
ist. Über die Metallurgie, besonders über das Geld, finden wir sowohl
in Jes 1, 22 als auch in Jer 6, 29; 10, 14 genügenden Aufschluß,
„. . . Beschämt ist jeder Edelschmied ob seines Gebildes, denn Trug
ist sein Gußbild, kein Odem ist darin." „Verworfenes Silber!" nennt
sie, denn Jahwe hat sie verworfen usw. Genug! wir sehen, daß nicht
nur die Metallverarbeitung als solche, sondern auch besonders die Edel-
arbeit hoch entwickelt war. Die aus den Quellen des A. T. selbst für
die Metallverarbeitung gewonnenen Resultate werden durch die Palästina-
grabungen der letzten Jahrzehnte nicht nur bestätigt, sondern auch ergänzt [1]. Wenn wir aber auf Grund des aufgeführten Materials von
einer hohen Entwicklung in der Metallverarbeitung sprechen können,
so nicht weniger in den anderen Berufszweigen des Handwerks, hauptsächlich in der Keramik und in der Textilverarbeitung.

Die Älteste und beinahe einzige (unmittelbare) Angabe über Ton-
töpfe findet sich in 2 Sam 17, 28. Da werden zwischen den verschiedenen Geräten mit Lebensmitteln auch Schalen und Töpfe (כלי יוצר)
erwähnt. Sonst sind wir auf die prophetischen Bilder angewiesen.
„Darf der Töpfer dem Tone gleichgeachtet werden? . . . Und kann
der Topf von dem Töpfer sagen: er versteht nichts?" (Jes 29, 16)
„Wohlan! wie der Ton in der Hand des Töpfers, so seid ihr in meiner
Hand, ihr vom Hause Israel" (Jer 18, 6). Gleichzeitig aber erfahren
wir, w i e der Töpfer arbeitet: „Da ging ich zum Hause des Töpfers
hinab und siehe da: er war mit einer Arbeit auf der Töpferscheibe
beschäftigt" (Jer 18, 3). Die primitive Form in der Bearbeitung der
Tonwaren ist also längst überwunden, was auch nur begreiflich ist, nach
dem gerade dieses Handwerk in Kanaan bereits in der Amarnazeit eine
hohe Stufe erreicht hatte. Weitere Angaben über Töpferarbeit und
Töpfergeschirr finden wir in Jer 19, 1. 10. Aus Jer 13, 12 ff. erfahren
wir, welchen Zwecken die Krüge und Töpfe dienen: „Jeglicher Krug
wird mit Wein gefüllt", und das muß jedem bekannt gewesen sein. Wir
werden aber im allgemeinen annehmen müssen, daß bis zur Königszeit

---

[1] Es würde zu weit führen, wollten wir hier auf die eigentlichen Ausgrabungen
in Palästina ausführlich eingehen. Das wäre nur eine Wiederholung der bereits über
diese Frage veröffentlichten Schriften, aber kein Gewinn für die in unserem Thema
behandelten Probleme.

Näheres siehe: BLISS-MACALISTER, Excavation in Palestine 1898—1900, London
1902; MACALISTER, Excavation of Gezer, London 1912; SELLIN, Tell-Ta'annek, Akad.
d. Wiss., Wien 1904; SELLIN-WATZINGER Jericho, Leipzig 1913; G. SCHUMACHER, Tell
el Mutesselim, Leipzig 1908; H. THIERSCH, Die neueren Ausgrabungen in Palästina,
Archäol. Anzeiger 1907—1909 und zusammenfassend bei RUD. KITTEL, Gesch. des
Volkes Israel, [4] 1922.

dieses Handwerk, da man noch hauptsächlich auf dem platten Lande
lebte, in den Anfängen der Entwicklung war, und daß der israelitische
Bauer seinen Bedarf durch eigene Verfertigung von irdenem Geschirr
gedeckt hatte. Jedoch spricht Ri 5 von der Schale der Jael, der Schale
der „Vornehmen". Wir werden aber hier wohl mit importierter Ware
zu rechnen haben, denn auch in der späteren Zeit wurden die besseren
Arten der Keramik aus dem Auslande eingeführt. Eine große Um-
wälzung geschah auf diesem Gebiete nach der Eroberung der Stadt
und der Unterwerfung der kanaanitischen Bevölkerung. Die Keramik
wird zu einem wichtigen Erwerbszweig des Städters, da auch der Bauer
seinen Bedarf nicht nur an Metallgeräten, sondern auch an Töpferwaren
zuerst durch Tausch, dann durch Einkauf zu decken beginnt. Kurz, die
Bedingungen für das Entstehen größerer keramischer Handwerksbetriebe
und Fabriken waren gegeben. Das beweisen uns wiederum am besten
die Ausgrabungen.

Wenn wir auch annehmen können, daß die besseren Arten der
Keramik aus dem Auslande eingeführt waren, so würde es doch verfehlt sein, daraus etwa zu schließen, daß die eigene Keramik auf absolut
niedriger Stufe stand. So sehen wir z. B. in Jericho Vasen mit weißer
Engobe, mit Mattmalerei und mit schwarzem polierten oder roten Überzug. Es werden verschiedene Arten von Amphoren und große Vorrats-
gefäße, Krüge und Kochtöpfe, Schüsseln und Schalen, Kannen und
Näpfe u. a m. gearbeitet[1]. Das alles ist einheimisches Fabrikat. Aber
auch der fremde Import ist bei den Ausgrabungen in Jericho zutage
getreten, so das Fragment eines Kännchens von grauem Ton und
schwarzem Überzug und strahlenförmig eingravierten Punkten[2]. Eben-
solche ganz erhaltenen Kännchen sind nach WATZINGER vielfach in
Ägypten gefunden worden, wo sie in der Zeit der XII. bis zur XVIII.
Dynastie auftreten. Auch erscheinen sie in den Nekropolen von Kypros.

Ähnlich wie in Jericho finden wir eingeführte Keramik derselben
Form in Megiddo[3], in Gezer[4] und in Zakaria[5]. Genug! in der Keramik
finden wir in Israel außer einer entwickelten einheimischen Industrie
auch den ausländischen Import stark vertreten. An erster Stelle standen
hier die Schmucksachen, die verschiedenen Alabasterkrüge, Skarabäen,
Amulette usw. Von einer Industrie kann man deshalb sprechen,
weil bei den Ausgrabungen in Tell-Zakaria mehrere Krughenkel mit
Aufschrift zutage getreten sind, die eine Fabrikmarke tragen.

---

[1] SELLIN-WATZINGER, Jericho, S. 122 ff.    [2] a. a. O. Abb. 142.
[3] SCHUMACHER, a. a. O. S. 132.    [4] MACALISTER, Excavatoin of Gezer, S. 133, 135.
[5] BLISS-MACALISTER, a. a. O. Taf. 52.

Folgende Aufschriften tragen die Henkel: למלך שוכה, למלך חברן למלך,
למלך, זיף u. a.[1]. Außerdem wollen wir noch auf die Krugaufschriften
aus Samaria hinweisen. Entweder sind die Unternehmungen königliche Unternehmungen, dann handelt es sich sicher nicht um kleine
Werkstätten, oder aber die Hersteller waren Hoflieferanten. Bemerkenswert ist die Tatsache, daß auch in Tell-es-Safi Krughenkel mit
denselben Inschriften zutage getreten sind[2], was für die Ausdehnung
dieser Töpfereien spricht. Merkwürdig ist die Aufschrift Socho, da es
in Jdumäa liegt. Außer diesen königlichen Fabrikmarken sind auch
mehrere Privatnamen überliefert[3]. Wir sehen, daß in der Keramik
eine entwickeltere Industrie als in der Metallverarbeitung vorliegt.

Auch bei der Weberei ist das erste Stadium das der Herstellung
für den eigenen Bedarf. Die israelitische Frau scheint gerade auf
dem Gebiet der Weberei eine Meisterin gewesen zu sein. Bei Debora
ist bereits von bunten Gewändern die Rede: um diese Zeit wird schwerlich an eine Einfuhr aus dem Lande zu denken sein. Das gilt auch für
die Zeit Sauls und Davids: denn Israel ist erst zur Zeit Salomos ein
Faktor im Welthandel geworden. Doch lesen wir in der Elegie auf
den Tod Sauls und Jonathans von mit Gold geschmückten Gewändern
(2 Sam 1, 24). Tamar trug ein Ketonet-Passim, einen Seidenüberwurf.
Ebenso war die Sabäerkönigin von den Kleidern der Diener Salomos
entzückt.

Simson bietet den Philistern dreißig Unterkleider und dreißig Fest-
gewänder an, wenn sie sein Rätsel raten (Ri 14, 12), und diese Stelle
gehört den ältesten Überlieferungen des A. T. an. In der nachexilischen
Zeit schreibt P. zu der Beisteuer in Gold, Silber und Kupfer auch
blauen und roten Purpur vor (Ex 25, 3).

Mit alledem soll nicht gesagt werden, daß gar keine Textilwaren
aus dem Ausland eingeführt waren, im Gegenteil! Wir wollen nur auf
die unseres Erachtens unberechtigte populäre Anschauung hinweisen,
daß von den Webereien nur Waren für den „gemeinen" Mann hergestellt wurden. Konnten wir aber bei der Keramik nicht nur von
einem entwickelten Handwerk, sondern zum Teil auch von einer Industrie sprechen, so wird das für die Textilverarbeitung wohl nicht
weniger zutreffen.

Daß die biedere Frau nicht nur für ihren eigenen Bedarf, sondern
auch für den Markt Stoffe verfertigte, geht aus Spr 31, 24 hervor,

---

[1] BLISS-MACALISTER, a. a. O. Taf. 56; LIDZBARSKI, Ephemeris für semit. Epi-
graphik, Bd. I, 1900, S. 54 ff.

[2] LIDZBARSKI, a. a. O. Bd. I, S. 181 f.    [3] Ders., Bd. III, S. 44.

und wir können annehmen, daß dies in der früheren Zeit nicht viel
anders war. Die großen Mengen Wolle von den ungeheuren Schafherden
werden zur Entwicklung einer Textilindustrie beigetragen haben. Nabal
aus Maon war nicht der einzige, der 3000 Schafe besaß; Barsillaj, der
Gileaditer und andere müssen, ihrem Grundbesitz an Grund und Boden
entsprechend, auch große Herden besessen haben; von den Herden des
Hofes wissen wir aus 2 Sa 13, 23 ff. und 2 Ch 26, 10, wenn wir dem
Chronisten auch nicht allzuviel Glauben schenken können.  Aber nicht
genug damit: die wichtigsten Tribute der unterworfenen Völker bestanden gerade in Lieferungen von Wolle.  So wissen wir, daß noch
zur Zeit Ahabs der Tribut von Moab 100 000 Lämmer und Wolle von
ebensoviel Schafen jährlich betragen hat.  Wenn auch diese Zahl, wie
alle anderen, stark übertrieben sein wird, so sehen wir aus der Mesa-
inschrift [1], daß vor der moabitischen Befreiung das fremde israelitische
Joch sehr empfindlich war.  Man muß bedenken, daß in der Blütezeit
außer Moab auch Aram, Ammon und Edom tributpflichtig waren, die
außer Getreide vielleicht ebenfalls Wolle liefern mußten.  Was von der
eigenen Industrie nicht verbraucht wurde, war dann offenbar für die
Ausfuhr bestimmt.

Wir beschränken uns auf die drei wichtigsten Zweige des Handwerks und der Industrie, die Metall- und Textilverarbeitung und die
Keramik.  Für die gesamte Wirtschaftsstruktur muß auch auf die
bereits erwähnten anderen Berufszweige hingewiesen werden.  Der
Architekt, der Gold- und Erzschmied hatten sicherlich viel zu tun;
denn es ist bekannt, daß nicht nur die israelitischen Könige, sondern
auch die Männer der „Basanskühe" einen großen Eifer für die Palast-
bauten an den Tag legten.  Diese pflegten auch in der Regel mit Elfenbein geschmückt zu werden (1 Kg 10, 18. 22. 39; Am. 3, 15), so daß wir
geradezu berechtigt sind, von einem Künstlerstand zu sprechen.  War
aber der Architekt beschäftigt, so war es nicht weniger der Zimmermann
und der Steinhauer; denn neben den Palästen und Bauten dürfen wir
die Festungen nicht vergessen.  Aber auch der Walker und der Färber,
der Schuster und der Gerber spielten volkswirtschaftlich eine Rolle.
In Jerusalem mußte der Walker sein Handwerk (wahrscheinlich wegen
des üblen Geruchs) außerhalb der Stadt betreiben „am Ende der
Wasserleitung des oberen Teichs, nach der Straße am Walkerfelde"
(2 Kg 18, 17; Jes 7, 3; 36, 2).  Der Bedarf an Ledergegenständen wurde
aber sicher durch einheimische Ware gedeckt und so hatte auch der
Schuster und neben ihm der Gerber zu tun.  Zum Schluß soll noch

---

[1] Lidzbarski, Altsemitische Texte I, Gießen 1907.

auf die „Bäckerstraße" (Jer 37, 21), auf das „Fischtor" und „Schaftor"
und auf das nachexilische „Tal der Zimmerleute" (1 Ch 4, 14; Neh 11, 35)
in Jerusalem hingewiesen werden [1]. Josephus spricht noch vom Woll-
markt, vom Bazar der Schmiede und dem Kleidermarkt (Bell. Jud. V
8, 1)[2]. Diese Straßen- und Marktnamen bezeugen das Bestreben unter
den Handwerkern, gemeinsam in besonderen Stadtvierteln zu wohnen.
Auf einen zunftmäßigen Zusammenschluß der Handwerker (nach dem
Exil) weist Neh 3, 8 hin. Es ist anzunehmen, daß dieser Zusammenschluß schon vor dem Exil bestanden hat. Nachdem wir die Voraus-
setzungen eines entwickelten Handels geschildert haben, können wir
uns diesem selbst zuwenden.

## 3. Königlicher und privater Handel

Die weltpolitische Lage, — die Schwäche Ägyptens und Babylons —
ermöglichte es dem jungen Staate zur Zeit Davids, sich zu festigen,
fremde Gebiete zu erobern und seine Macht zu erweitern. So tritt
der israelitische Staat unter Salomo in den Bereich der großen Welt-
mächte ein. Verschwägerungen mit fremden Höfen sind neben anderem
dafür ein charakteristisches Symptom. Die ruhige innenpolitische Lage
benutzt Salomo zum Ausbau internationaler Handelsbeziehungen. Um
die Riesenausgaben für den großen Hof und noch größeren Harem, für
die Prunkbauten und für das Heer decken zu können, sann der König
auf die Vergrößerung der Einnahmequellen.

Die Steuerpolitik Salomos bedeutet eine neue Epoche in der Wirtschaftsgeschichte Israels.

Wann das G e l d in Israel aufkam, wissen wir nicht. Vor der
Einwanderung bestand bereits in Kanaan eine ausgeprägte Geldwirt-
schaft, wie die Amarnabriefe deutlich erkennen lassen. Im Deboralied
wird schon von Geld gesprochen:

> „Es kamen Könige, kämpften,
> Damals kämpften die Könige Kanaans,
> zu Thaanach an den Wassern von Megiddo:
> Beute an Silber (בֶּצַע כֶּסֶף) gewannen sie nicht!"
>
> (Ri 5, 19)

Saul mußte Samuel einen Viertel-Sekel Silber für die Auskunft über
den Verbleib der Esel geben (1 Sam 9, 8). Das Bundesbuch bestimmt:
wenn das Rind einen Sklaven oder eine Sklavin stößt, so soll der Be-

---

[1] Es fehlen uns aber Anhaltspunkte, um anzugeben, f ü r w e n die Bäcker hauptsächlich gebacken haben. [2] Vgl. BENZINGER a. a O. S. 102.

sitzer ihrem Herrn 30 Sekel Silber bezahlen (Ex 21, 32).  Während der
Hungersnot in Samaria kostete ein Eselskopf 80 Sekel und ein Viertel
Kaph Taubenmist 5 Sekel.  So sehen wir, daß als Wertmesser zur Zeit
Salomos das Geld diente.  Zuerst wird dieses „Geld" ein ungeformtes
Metallstück gewesen sein, wieviel die Hand ungefähr umfassen konnte,
wie z. B. in Griechenland die Drachme — ein Haufen Metallstangen
war.  Als man das Metall zu schätzen anfängt, da bekommt das Metallstück ein bestimmtes Gewicht.  Eine Geldprägung ist jedoch vor
dem Exil kaum anzunehmen.  Denn wäre dem so, müßten wir in Dt
dafür einen Anhalt finden; dort wird aber nur von „Silber" schlechthin
gesprochen (Dt 22, 19. 29).  Dagegen besteht kein Zweifel, daß schon
frühzeitig abgewogene Metallstücke von einem bestimmten Gewicht in
Umlauf waren.  Das sehen wir aus den oben angeführten Stellen: Es
wird gesprochen vom ganzen und vom viertel Sekel.  Und da, wo nur
von „Kesseph" die Rede ist, können wir „Sekel" ohne Bedenken hinzu-
fügen.  Als Tauschmittel herrschte hauptsächlich das Silber, aber auch
das Gold.  Kupfer wird in A.T. nicht erwähnt[1].  Im ganzen ist das
System der israelitisch-jüdischen Geldwährung das babylonische[2].

Wie überall, so war auch in Israel der Wert des Geldes anfangs
hoch.  Nachdem aber die Edelmetalle in größerem Umfange eingeführt
wurden, mußte begreiflicherweise dessen Wert sinken.  Es ist nicht
möglich, den Wert des Geldes in jedem Zeitpunkte anzugeben.  So
wissen wir z. B., daß zur Zeit Salomos ein Pferd 150 Sekel und ein
(Reit-)wagen 600 Sekel Silber kostete, was für die damalige Zeit ein
sehr hoher Preis ist[3].  Samuel wiederum mußte sich für seine Auskunft
mit einem Viertel Sekel begnügen; die Verkaufssumme für Joseph
wird auf 20 Silberlinge angegeben.  Die spätere Entwertung des Geldes
lehrt ein Vergleich von Bundesbuch und Deuteronomium.  Der Preis
eines Sklaven oder einer Sklavin ist im Bundesbuch mit 30 Sekel bestimmt.  Das ist wahrscheinlich auch der Preis, den der Herr dem
Vater für seine Tochter zu zahlen hatte.  In Dt dagegen wird schon
von anderen Zahlen gesprochen: Beim Vergewaltigen eines Mädchens
muß man ihrem Vater 50 Sekel zahlen und das Mädchen selbst heiraten (22, 29), und wenn eine Frau in bösen Ruf gebracht wird, sogar
100 Silbersekel (22, 19).

Salomo hielt es im Interesse der Staatsgeltung gegenüber dem
Ausland für notwendig, Paläste für sich und seine Hauptfrau, die

---

[1] Vgl. ROTHSTEIN, Kautzsch [4]II. 681.

[2] S. auch J. BELOCH, Griech. Gesch.,[1] Bd. I, S. 221.

[3] H. EWALD, Gesch. Davids,[3] (Geschichte Israels, III. Bd.) Göttingen 1866, S. 358
versteht darunter: Den Streitwagen mit den dazugehörigen drei Rossen.

ägyptische Prinzessin, als auch einen Tempel für Jahwe zu bauen. König Hiram von Tyrus baute zu gleicher Zeit ebenfalls Tempel für die tyrischen Gottheiten. Der „große Fürst" von Jerusalem schließt nun einen Vertrag mit Hiram, König von Tyrus. Der Inhalt dieses ersten israelitisch-phönikischen Handelsvertrags war folgender: Phönikien lieferte an Israel Zedern und Zypressen für die salomonischen Paläste und Tempel, Israel an Phönikien jährlich 20000 Kor Weizen und ebensoviel Bath feinstes Öl (1 Kg 5, 24 f.). Trifft die Ergänzung in 2 Chr 2, 9 zu, so wurden außerdem noch 20000 Kor Gerste und 20000 Bath Wein geliefert. Den Kassen Salomos brachte dieses Handelsabkommen nichts ein, im Gegenteil: Durch die Riesenausgaben stieg seine Geldnot ins ungeheure. Der „große König" von Israel muß an seinen tyrischen Bundesgenossen 20 Städte in Galiläa abtreten, für die er 120 Talente Gold bekam. Das war immerhin eine erhebliche Summe für den Augenblick, um die große Lücke auszufüllen; um aber wirkliche Einnahmen zu schaffen, wurde der Handelsvertrag mit Hiram auf einer ganz anderen Grundlage, diesmal einer rein rentablen, erweitert. Am Nordende des älanitischen Meerbusens, im Hafen von Ezeon-Geber, baut Salomo Schiffe und Hiram stellt dazu die seekundigen Leute. Diese Handelsflotte ging nach Ophir[1] und brachte von dort 420 Talente Gold für König Salomo, außerdem Almuggim-Holz, Edelsteine, Affen, Pfauen usw. Die genaueren Bedingungen dieses Vertrages zwischen Salomo und Hiram sind uns unbekannt, doch darf man annehmen, daß dieser sicherlich auch für die handelstüchtigen Phönikier lohnend war. Außer dieser Handelsexpedition sollte noch eine solche nach „Tarschisch" (der phönikischen Kolonie Tartesos in Südspanien) gesandt worden sein, die ebenfalls Gold und Silber brachte. Das ist wenig wahrscheinlich; denn das „Tarschischschiff" bedeutete ganz allgemein: ein großes Schiff. Der Verkehr zwischen Ezeon-Geber und Ophir war aber kein einmaliger und kein zufälliger. „Einmal in drei Jahren kam das Tarschischschiff und brachte Gold und Silber" usw. (1 Kg 10, 22), zugleich ein interessanter Beleg für das Tempo des Verkehrs. So wird es zu einem relativ regulären Handelsverkehr mit Ophir gekommen sein. Nur so kann man es verstehen, daß auch König Josaphat von Juda, der ungefähr hundert Jahre nach Salomo regierte, ein Schiff in Ezeon-Geber bauen ließ, um es nach Ophir zu schicken. Wie einträglich dieser Handelsverkehr gewesen sein muß, geht daraus hervor, daß auch König Ahasja an dieser Unternehmung Josaphats sich

---

[1] Doch wohl sicher im Lande Punt, das reich an Gold war; s. ED. MEYER, Gesch. Ägyptens, Berlin 1887, S. 235.

beteiligen wollte, was aber abgelehnt wurde.  Wenn man sich vor Übertreibungen in bezug auf den Umfang dieses Handelsverkehrs hüten
muß, kann man doch Buhl [1] nicht zustimmen, der ihn für unbedeutend
erklärt.

Außer mit Phönikien stand Salomo auch mit Ägypten und mit
Südarabien, den Sabäern, in Handelsbeziehungen.  In Ägypten kauften
Salomos Händler auf seine Rechnung Pferde und Reitwagen ein.  Sie
waren nicht nur für den eigenen Bedarf bestimmt, sondern wurden auch
an die Könige der Hethiter und Aramäer weiter verkauft.  Obgleich
Ägypten selbst ursprünglich die Pferde aus Asien bezogen hat, kann
die Überlieferung im Königsbuch nicht gut bezweifelt werden.  Erhoben doch auch in späterer Zeit die Propheten und die Gesetzgeber
(Jes 31, 1; Dt 17, 16) ausdrücklich gegen den Einkauf von Pferden
in Ägypten Einspruch.  Was den Handel mit Südarabien, den Sabäern,
betrifft, so besteht kein Zweifel daran, daß, abgesehen von den Ausschmückungen, in dem Bericht über die Sabäerkönigin ein historischer
Kern enthalten ist.

Wie die ägyptischen Pharaonen, König Hiram von Tyrus und die
Königin von Saba den auswärtigen Handel selbst getrieben haben, so
tat dies auch Salomo [2].  Sämtliche Unternehmungen: die Verträge mit
Hiram, die Handelsexpeditionen, der Einkauf der Pferde in Ägypten,
der Warenaustausch mit der Sabäerkönigin — alles das wird entweder
vom König selbst unternommen, oder aber von Handelsleuten, die auf
seine Rechnung arbeiten.  So wird der Herrenbesitz durch das
Handelsmonopol vermehrt.

Neben den Handel des Hofes einerseits und den Kleinhandel des
Privatmanns andererseits tritt der private Großhandel.  Das Kapital
ersetzte dem Großkaufmann die Macht des Königs.  Von diesem Handel
wie auch von der Durchfuhr fremder Waren über die palästinensischen
Handelsstraßen erhebt der König Zölle.  So heißt es 1 Kg 10, 14 f.,
wo die jährlichen Einnahmen Salomos aufgeführt werden: „. . . Das
Gewicht des Goldes, das für Salomo in einem Jahre einkam, betrug
666 Goldtalente, abgesehen von . . . . . und (von dem Handel) der
Krämer aller Könige Arabiens und der Statthalter des Landes".  Der
private Handel ist hauptsächlich im Inneren des Landes von Bedeutung,
der auswärtige Handel dagegen bleibt nach wie vor in den Händen des
Königs, wie es noch zur Zeit Josaphats und später zur Zeit Amazjas
der Fall war.

---

[1] a. a. O. S. 78.
[2] Vom „Gewicht des Königs" wird in 2 Sam 14, 26 usw. gesprochen.

Einen Einblick in den Binnenhandel, besonders den Kornhandel, gewinnen wir aus Am 8, 5 f. Für den Binnenhandel waren ferner, worauf schon oben hingedeutet wurde, die Wollemengen vom Süden, wie auch vom Ostjordanland bestimmt. Doch konnte ein Teil dieser Wollemengen auch zum Ausfuhrartikel für das Ausland, etwa für Ägypten, dienen. Das gleiche gilt vom Handel mit Keramik, Metallgeräten usw.; auch der Fischfang und damit der Fischhandel war von Bedeutung. Außerdem muß man beachten, daß die Entwicklung Jerusalems zur Großstadt und die periodischen Festwallfahrten den Handel ebenso mächtig steigern mußten, wie etwa die Siegesspiele in Hellas, wenn auch die Quellen darüber nichts berichten.

Was für eine Bedeutung der internationale Handel gewonnen hat, und wie eifrig Israel schon vor dem Exil daran teilnahm, geht am besten aus dem Friedensvertrag zwischen König Ahab von Israel und König Ben-Hadad von Aram hervor. Nach seiner Niederlage bot Ben-Hadad Ahab an: er wolle ihm die Städte, die sein Vater dem König Omri abgenommen hatte, zurückgeben; außerdem sollte Ahab berechtigt sein, in Damaskus Bazare anzulegen, wie es früher Ben-Hadads Vater in Samaria tat (1 Kg 20, 34). Was geht daraus hervor? 1. daß dieses Angebot für Ahab kein schlechtes war, denn dafür zeugt der Abschluß des Friedens, wie auch die Tatsache, daß König Ben-Hadad wohl nicht gewagt hätte, ein unzureichendes Angebot zu machen, da es sich in diesem Augenblick um seinen Kopf handelte; 2. was für unsere Frage das Wichtigste ist, daß wir es zur Zeit Ahabs nicht nur mit einem Handelsviertel der Aramäer in Samaria zu tun haben, sondern auch mit einem solchen Israels in Damaskus. Daß wir aber von ausgesprochenen israelitischen Handelskolonien vor dem babylonischen Exil sprechen können, wie es Herzfeld[1] behauptet, muß entschieden bestritten werden. Seine Behauptung beruht auf 1 Kg 5, 4 und auf Jes 11, 11. Da aber 1 Kg 5, 4 f. der nachexilischen Zeit angehört[2] und Jesaja 11, 11 vielleicht erst aus dem 2. Jahrh. stammt, bedarf es keiner längeren Ausführung, daß diese Behauptung falsch ist, da sie auf ungenauer Quellenkritik beruht[3]. Beachtlich ist jedoch das Bestehen der jüdischen Militärkolonie in Elephantine seit dem 7. Jahrh. Anders dagegen ist die Frage des Seehandels und der Schiffahrt zu beantworten. Wir haben schon erwähnt, daß Dan „in die Fremde auf Schiffen geht" und dabei

---

[1] L. Herzfeld, Handelsgesch. d. Juden d. Altertums, Braunschweig 1879, S. 26.

[2] Vgl. Kuenen, Historisch-kritische Einleitg. in die Bücher des A. T., Leipzig 1887/92 I², S. 74 ff.

[3] Daß man aber über das Leben der Nachbarvölker gut orientiert war, soll damit freilich nicht geleugnet werden, so Jer 2, 10 u. a.

erwogen, ob er den Phönikiern diesen Dienst entweder als Unterworfener
oder aber als Freiwilliger leiste. Bedeutet aber die Beschäftigung des
Stammes Dan für den israelitischen Seehandel noch nichts, so ist doch
die Schiffahrt Sebulons zu beachten (Ge 49, 13).

Der Reichtum der zur Zeit Salomos herrschenden Klasse hat sich,
je nach der politischen Lage, mehrmals wiederholt. So spricht Hosea
über den Wohlstand des Königtums Israels: „Ephraim aber sagt: ich
bin doch reich geworden, habe mir Vermögen erworben" (12, 9) und
den Wohlstand der Aristokratie Judas ersehen wir aus Jesaja 2, 7.

## 4. Einfuhr und Ausfuhr

Das bisher Geschilderte bedarf jedoch noch einer Ergänzung. Welche
Artikel wurden eingeführt? Aus Phönikien hauptsächlich Zedern und
Zypressen vom Libanon; außerdem können wir annehmen, daß gerade
durch die Vermittlung Phönikiens zum großen Teil die bessere Keramik
aus dem ägäischen Kunstkreis eingeführt wurde. Aus Ophir (Punt)
wurde Gold, Silber, Elfenbein eingeführt. Aus Südarabien (dem Sabäerreich): ebenfalls Gold, auch Edelsteine, vor allem aber große Mengen
von Spezereien: Weihrauch, Myrrhe, Salben; „so viel Spezereien, wie
hier die Königin von Saba König Salomo gab, sind nie wieder ins
Land gekommen" (1 Kg 10, 10). Das wird wohl zutreffen, denn der
Reichtum Südarabiens gerade an Spezereien ist bekannt. Aus Ägypten
wurden eingeführt: Pferde und Reitwagen. Ägypten ist außerdem die
Heimat der Skarabäen und Amulette, wie der vielen anderen Schmucksachen, die bei den Ausgrabungen in Palästina auch in den Schichten
der israelitisch-jüdischen Periode in großen Mengen zutage getreten
sind. Die literarische Bezeugung bietet Jes. 3, 16—24. Danach bilden
Fußspangen und Armketten, Stirnbänder und Halbmonde, Scheitel und
Kopfschleier, Schrittkettchen und Prachtgürtel, Ohrtropfen und Riech-
fläschchen, Amulette und Fingerringe, Feierkleider und Mäntel, Tücher
und Taschen, Spiegel und Linnen, Turbane und Überwürfe den Schmuck
der Frau des israelitischen Fürsten und Bourgeois. Daß wir es hierbei
zum guten Teil mit ägyptischer Ware zu tun haben, ist unzweifelhaft.
Auch bessere Textilwaren, wie die „Decken von ägyptischem Garn" und
Kleider und Kopfbunde aus Byssus wurden aus Ägypten, wie wohl auch
aus Babylonien bezogen (Ez 27, 7). Diese ganze Einfuhr steht geschichtlich
fest. Anders dagegen ist die Frage, woher man die Erze eingeführt
hat. Denn Salomo kann im besten Falle nur kleine Besitztümer im
Libanon gehabt haben. Doch fehlt uns jedweder Anhalt für den Schluß,
daß die Erze etwa aus phönikischer Einfuhr stammen. Woher wurden

dann aber die Erze eingeführt? Es bleibt nichts anderes übrig, als den Ort im N o r d e n zu suchen, dies um so mehr, als wir dafür auch einige, zwar sehr dürftige, Anhaltspunkte haben. Jeremia 15, 12[1] spricht vom nordischen Eisen und Erz, das man nicht zerschlagen kann. Ferner haben wir noch hierfür einen ausgezeichneten Beleg in Ezechiel 27, 19. In diesem Klagelied über Tyros spricht er: „Damaskus handelte mit dir . . . . Eisen (kunstvoll bearbeitet), Kassia und Kalmus lieferte man für deine Tauschware." Die wichtigste Quelle ist 2 Sam 8, 8. Da heißt es, daß David außer den goldenen Schilden, die die Umgebung Hadadesers trug, auch aus Hadadesers Städten (Tebach und Berothai) Erz in großen Mengen erbeutete. Danach können wir wohl mit Sicherheit annehmen, daß die Erze hauptsächlich aus Syrien bzw. Damaskus eingeführt wurden. Neben diesem wichtigsten Einfuhrartikel bleibt noch das Salz zu erwähnen, das aus dem Toten Meere gewonnen wurde.

Es entsteht nun die Frage: W i e  w u r d e  d i e s e  E i n f u h r  d u r c h d i e  A u s f u h r  g e d e c k t? Mit anderen Worten: wie wurde diese Handelsbilanz ausgeglichen? Nach Phönikien wurde hauptsächlich (als Tausch für die Zedern und Zypressen, wie wohl auch als Lohn für die Kunstarbeiter) Getreide und Öl geliefert. Es betrug die jährliche Lieferung 20000 Kor Weizen und 20000 Bath Olivenöl (1 Kg 5, 25). Wie diese Menge von Getreide und Öl verrechnet wurde, wissen wir nicht. Vielleicht enthalten die 120 Talente Gold, die Hiram für die 20 Städte Salomo gab, auch die Ausgleichung dieser Rechnung; oder aber umgekehrt, was noch wahrscheinlicher ist: die Holzlieferungen Hirams betrugen viel mehr als die der Getreidelieferungen Salomos und deshalb war Salomo gezwungen, die 20 Ortschaften in Galiläa abzutreten, wogegen er aber eine Rückzahlung von den 120 Goldtalenten erhielt. In späterer Zeit, als der Handel mehr in Privathände überging, wurde der Export vergrößert und die Handelsbeziehungen mit Phönikien überhaupt erweitert. Wertvolle Angaben liefert uns hierfür Ezechiel in dem erwähnten 27. Kapitel. Daß dieses Werk im Exil entstanden ist, ändert daran nichts; denn der priesterliche Prophet zieht hier das Fazit der Vergangenheit, die er in diesem Falle gut kennt. So heißt es weiter: „. . . (Aus Holz von) Eichen aus Basan machten sie deine Ruder" (V. 6). „Juda und das Land Israel — sie trieben Handel mit dir. Weizen von Minnit und Wachs und Honig und Öl und Mastix handelten sie ein für deine Tauschware" (V. 17). Aus dieser Stelle geht hervor, 1. daß nicht nur eigener Weizen nach Tyrus ausgeführt, sondern auch der ammonitische auf den Markt gebracht

---

[1] Ob dieser Vers echt ist, ist für unsere Frage von nebensächlicher Bedeutung.

3

wurde; 2. daß die Großgrundbesitzer so mächtig wurden, daß sie der eigenen Bevölkerung das Getreide nur gegen Wucherpreise verkauften; 3. daß es in Palästina in der vorexilischen Zeit auch Forstwirtschaft (wenn auch nur in geringen Umfange) gegeben hat.

Schwieriger ist die Frage zu beantworten, welche Artikel nach Ophir und nach dem Sabäerreich ausgeführt wurden. Daß man die Mengen Gold und Silber aus Ophir mit Marktartikeln bezahlt hat, ist wohl anzunehmen. Wir haben schon gesagt, daß wahrscheinlich durch die Vermittlung Phönikiens bzw. Tyrus' die bessere Keramik aus dem ägäischen Kunstkreis eingeführt wurde. Diese Annahme kann durch die oben zitierte Stelle aus Ezechiel durchaus gestützt werden, wenn auch hier direkt nur von phönikischer Einfuhr gesprochen wird, die aber sicher eine größere Ausfuhr nach Israel bedingt hat. So werden wir vermuten dürfen, daß Israel aus Phönikien außer den Zedern und Zypressen noch andere Artikel einführte, die dann die Ausfuhrartikel nach Ophir und dem Sabäerland ausmachten. Daneben können natürlich auch die Fabrikate der einheimischen Goldschmiede, Weber und Töpfer für den Export gedient haben. Wollte man jedoch annehmen, daß die einheimischen Erzeugnisse der Industrie (in diesem Falle auch des Handwerks) nicht für die Ausfuhr bestimmt waren, so bleibt doch die Frage: was waren es für Artikel, die König Salomo der Königin von Saba schenkte („alles, was sie begehrte und erbat"), und ferner: welche Aufgabe hatten die königlichen Keramikfabriken?

Was Ägypten betrifft, wurden die Pferde und die (Reit)wagen mit barem Gold bezahlt. Außerdem können wir annehmen, daß auch Wolle nach Ägypten ausgeführt wurde; das steht jedoch nicht fest. Andere Artikel sind mit Sicherheit nicht zu nennen. Aus den Amarnabriefen [1] sehen wir, welche Produkte die ägyptischen Vasallen von Kanaan an Pharao geliefert hatten. Das sind hauptsächlich: Öl, Silber und Sklaven. Das Silber kann in diesem Falle nicht herangezogen werden, weil es die Vasallen aus Syrien geliefert haben. Dagegen wird Ägypten auch in der späteren Zeit Öl und Sklaven aus Palästina eingeführt haben. Dies wird auch durch Hos 12, 2 bestätigt. Vermutlich hat sich die Ausfuhr auch auf Wein und Honig ausgedehnt; denn gerade der Wein- und Gartenbau spielte im israelitischen Wirtschaftsleben eine bedeutende Rolle [2].

[1] KNUTZON, a. a. O. S. 787, 867, 871, 911, 915, 933.
[2] Neben dem Ackerbau begegnen wir überall dem Wein- und Gartenbau, gleichviel ob es sich um geschichtliche Überlieferungen oder prophetische Reden handelt. Im Segen Isaaks (Ge 27, 28) finden wir Korn und Most gleichzeitig. „Weinberge und Olivengärten, die ihr nicht gepflanzt hattet, bekamt ihr zu genießen", wird er-

Es bleibt zuletzt die Frage, ob die Behauptung von der Ausfuhr von Sklaven richtig ist. Daß in Israel die Zahl der vorhandenen Sklaven eine Ausfuhr gestattete, darf man aus der Unterjochung der alten einheimischen Bevölkerung wie aus der teilweisen Versklavung der neu bezwungenen Gebiete schließen. Es ist zur Genüge bekannt, daß in Israel Sklavenhandel getrieben wurde.

Stellen wir die Frage, wie diese Ein- und Ausfuhr auf das gesamte Wirtschaftsleben des Volkes gewirkt hat, und ob sich Ausfuhr und Einfuhr die Wage hielten, so wird sie zum Teil bereits durch die Liste der Artikel beantwortet, welche aus dem Auslande hauptsächlich eingeführt wurden. Sämtliche Waren sind ausschließlich für den königlichen Hof und für die Aristokratie bestimmt, wobei die Affen und Pfauen, die man von Ophir nach Jerusalem brachte, vielleicht mehr als Wundergeschenk für den „großen" König anzusehen sind. Gold und Silber werden verbraucht für königliche und militärische Ausrüstung; Elfenbein für Thronstühle, Ausschmückungen von Palästen und Möbel; Almuggimholz für Paläste, Zithern und Harfen; Weihrauch, Salben, Ketten, Ringe, Spangen, Amulette usw. — für den königlichen Harem und ausgelassene Töchter der Bourgeoisie. Ausgeführt dagegen wurde: Weizen, Gerste und Öl in solchen Mengen, daß die arme einheimische Bevölkerung die notwendigsten Lebensmittel nur gegen Wucherpreise bekam.

## 5. Die Stadt und ihre Einwohnerzahl

Wenn wir auf Grund der bisherigen Untersuchung von einem entwickelten Handwerk und einer verhältnismäßig entwickelten Industrie in Israel sprechen können, müssen wir uns jedoch vor Übertreibungen hüten. Handwerk und Industrie wirken auf die Entwicklung der Stadt, auf deren Größe und Wachstum. Die Größe einer Stadt kann daher auch als Gradmesser für die Entwicklung ihres Handels dienen. Deshalb ist es für das Verständnis des Umfanges des israelitischen Handels und der israelitischen Industrie von größter Wichtigkeit, festzustellen, wie groß die Städte waren.

Diese Frage völlig genau zu beantworten, ist schwer; ein ungefähres Bild bekommen wir aber durch die Ausgrabungen. Wir nehmen z. B. Jericho, eine Stadt, die nicht nur in der Überlieferung, sondern auch im wirklichen Leben eine bedeutende Rolle spielte. Ihre Bedeutung hatte sie hauptsächlich als Festung. Das beweist die doppelte Ringmauer, mit der Jericho umgeben war. Aber auch als Handels-

wähnt neben den Städten, die man nicht gebaut hat und die von Jahwe dem Volke verliehen wurden (Jos 24, 13; Dt 8, 8).

stadt muß Jericho nicht unbedeutend gewesen sein, da es zur Zeit
Ahabs gegründet wurde, von dessen Bazaren schon oben die Rede war.
Aus der Menge der Keramik, die bei den Ausgrabungen zutage trat,
läßt sich schließen, daß Jericho eigne Töpfereien besaß und daneben
Handel mit Keramik trieb.  So gehörte Jericho sicher nicht zu den
kleinsten Städten des Reiches.  Wie groß die Einwohnerzahl Jerichos
sein konnte, ergibt der Flächeninhalt der Stadt.  Der Umfang der
Ringmauer der Quelle im Osten beträgt ungefähr 778 m (WATZINGER)
und sie ist ungefähr 180 m größer als die der kanaanitischen; die
größte Länge der Stadt beträgt ungefähr 307 m, die größte Breite im
Norden 161 m, durchschnittlich ungefähr 120 m (WATZINGER); der
Flächeninhalt ungefähr 40 000 qm (SELLIN).

Wieviel Häuser könnten nun auf dieser Fläche gebaut worden sein?
Nach der Zeichnung von LANGENEGGER, können wir aus den ausge-
grabenen Mauern Jerichos, den 6 Häusern im Norden der Stadt und
den 4 Häusern im Nordosten, für diese Frage keine genaue Antwort
finden.  Das Gemisch der Ruinen ist dafür zu groß.  Jedoch bringt
uns die Größe der Häuser der Lösung näher.  Wir nehmen das Haus E
(nach der Zeichnung von LANGENEGGER bei SELLIN-WATZINGER), da es
kleiner ist als das Haus A und größer als das Haus C.  Der Umfang
dieses Hauses beträgt 5,25 m $\times$ 3,80 m; die Größe des Hofes läßt sich
nicht feststellen.  In der späteren Epoche, in der judäischen, ist der Umfang des Hofes (z. B. des Hauses I) 3 $\times$ 3,8 m, d. h., so daß also der
Flächeninhalt eines Gehöfts ungefähr 31 qm umfaßt; dabei muß beachtet
werden, daß es noch vielleicht andere Bauten auf dem Hof gab.

Nimmt man an, daß der ganze von der Ringmauer umgebene
Flächeninhalt mit Häusern bebaut war, so muß zunächst der unbebaute
Flächeninhalt der Straßen, der Ostquelle und auch des Marktes[1] in
Abzug gebracht werden, abgesehen davon, daß im Palast sicher nicht
so viel Leute wohnten als auf dem gleichen Flächeninhalt der übrigen
Stadt.  Es dürfte nicht falsch berechnet sein, wenn wir den gesamten unbe-
bauten Flächeninhalt mit ungefähr 10 000 qm ansetzen, mithin 30 000 qm
für Häuser (und den Palast) übrig blieben.  Dann ergibt sich als Höchst-
zahl der Häuser: 3—400, mit einer Bevölkerung von ungefähr 2000
Personen.  Jedoch ist diese Ziffer wohl noch zu hoch; man wird mit
ungefähr 1000—1500 Seelen zu rechnen haben[2].  Wie groß die Ein-

---

[1] Jericho wurde zur Zeit Ahabs gegründet, von den Märkten in Samaria wissen
wir aber aus 1 Kg 20, 34.

[2] Vgl. z. B. Die Einwohnerzahl von Opus, ED. MEYER „Forschungen zur alten
Geschichte" Bd. I S. 305, wonach „die Volksversammlung in Opus wie in manchen
anderen Staaten aus 1000 Mitgliedern bestand".

wohnerzahl der Hauptstädte, von Jerusalem und Samaria um die Zeit
von 750 sein konnte, können wir aus den späteren Nachrichten schließen.
Zunächst eine wertlose Angabe im 2. Makkabäerbuch (5, 14), wonach
die Zahl der durch die Horden des Antiochus Epiphanes ermordeten
Gefangenen und in die Sklaverei verkauften Einwohner Jerusalems auf
200000 Seelen geschätzt wird. Zusammen mit den Zurückgebliebenen [1]
würde Jerusalem nach dieser Angabe damals mindestens $^1/_4$ Million
Einwohner gezählt haben. Die wertlose Angabe des 2. Makkabäer-
buches wird schon durch den Zeitgenossen Hekatäus von Abdera
geändert, der die Einwohner Jerusalems auf 120000 und den Umfang
der Stadt auf über 50 Stadien schätzte. Aristeas aber gibt den
Umfang der Stadt auf 40 Stadien an, und Josephus, der sonst immer
eine Neigung zum Übertreiben hat, gar auf 33, was hier auch der Wahr-
heit entsprechen wird. So wird die Größe der Stadt auf ein Viertel mit
einer Bevölkerung von etwa 80000 Seelen reduziert. Aus dieser Einwohnerzahl würden sich im Durchschnitt ungefähr 25 qm (= 30 Quadratyards)
Wohnplatz für eine Person ergeben, als nur $^2/_3$ des Wohnraumes im
heutigen Jerusalem, wo auf eine Person ungefähr 42 Quadratyards ge-
rechnet werden. Nun rechnet SCHICK für das Altertum nur 10$^1/_2$
Quadratyards für eine Person und schätzt daher die Einwohnerzahl von
Jerusalem auf 228000 Mann [2]. Trifft nun seine Behauptung für die
römische Zeit schon nicht zu, um so weniger für die vorexilische Epoche.
Denn einmal angenommen, daß die Bevölkerungszahl Jerusalems um
700 v. Chr. nur 100000 Seelen umfaßte, so mußte doch die Gesamtbevölkerung Judas (außer Jerusalems) mehr als 200000 Seelen
betragen! Diese Zahl aber ist im Bericht Sanheribs überliefert. Da
heißt es: „Und von Hizkia, dem Judäer, . . . belagerte ich 46 Städte,
mit Mauern versehen; die kleineren Städte in ihrer Umgebung ohne
Zahl . . . 200150 Menschen, jung, alt, männlich und weiblich,
Rosse, Maultiere, Esel, Kamele, Rinder und Kleinvieh ohne Zahl führte
ich von ihnen heraus und rechnete sie als Beute.“ [3] Angenommen,
die Behauptung ED. MEYERS [4], diese von Sanherib angegebene Zahl
200150 sei eher zu hoch als zu niedrig, träfe nicht zu, und die Angabe sei zuverlässig, so würden doch nur 30 Einwohner auf den Quadratkilometer kommen; auch widerspricht die Behauptung SCHICKS den
fast statistischen Angaben bei Jeremia über die Deportierten. Danach
heißt es:

[1] Vgl. SCHICK, ZDPV Bd. IV, S. 214.
[2] Vgl. SCHICK, a. a. O. S. 215 ff.
[3] H. WINCKLER, Keilinschriftl. Textbuch, Leipzig 1902, S. 45 f.
[4] ED. MEYER, Entstehung des Jud., Halle 1896, S. 109.

„Dies ist das Volk, welches Nebukadnezar fortführte:

im Jahre 7 (= 598 v. Chr.) 3023 Juden [1]

„    „  18 (= 587    „    )   832 Seelen aus Jerusalem

„    „  23 (= 582    „    )   745 Seelen Juden

zusammen 4600 Seelen" [2] führte Nebukadnezar fort."

Für eine Stadt aber mit ungefähr $^1/_4$ Million Einwohnern wäre die Zahl von 832 Seelen geradezu unbegreiflich.  Wir werden daher die Einwohnerzahl von Jerusalem und Samaria (vielleicht auch von Japha) nicht höher als die von Korinth und Athen bis zum 6. Jahrh. setzen können. Die Einwohnerzahl von Korinth um die Zeit von Periander schätzt BELOCH auf kaum mehr als 20—25000 Mann und fügt hinzu, daß es auch fraglich sei, ob Athen am Ende der Peisistratiden größer war [3]. Wenn wir die Zahl der Städte und der größeren Ortschaften von Israel und Juda berechnen, so erhalten wir deren ungefähr 80—100 [4]. Wenn wir durchschnittlich die Einwohnerzahl für jede Stadt und größere Ortschaft auf 750—1000 Seelen rechnen, so bekommen wir ungefähr 75—100000 Einwohner; nehmen wir noch die zwei Hauptstädte und Japha (die nicht mitgerechnet sind), mit einer Einwohnerzahl von ungefähr 50—60000 Mann hinzu, so erhalten wir eine Gesamtzahl der städtischen Bevölkerung von rund 150000 Köpfen.

Für die Errechnung der Gesamtbevölkerung Israel-Judas ist mit dem Bericht über die Volkszählung Davids (2 Sam 24, 9) nichts anzufangen.  Hätte das israelitisch-jüdische Reich wirklich 1300000 waffenfähige Männer gehabt, so würde die Gesamtzahl der Bevölkerung mindestens 6 Millionen ausmachen, und das ist eine eben so phantastische Zahl wie die der 400000 Kriegsmänner Amazjas (2 Chr 25, 5 f.).  Das würden außerdem ungefähr 375 Seelen auf den Quadratkilometer sein, noch mehr als in dem heutigen Belgien [5].

Wie hoch die Gesamtzahl der waffenfähigen Männer um 700 in Israel (und Juda) war, haben wir schon oben (S. 17 ff.) festgestellt. Die 60000 Grundbesitzer von Israel und die ungefähr 20000 von Juda werden mit ihren Frauen und Kindern ungefähr 300—350000 Seelen

---

[1] Ders.: „Judäer".

[2] Jer 52, 28 ff. Hierzu überhaupt ED. MEYER, Entstehung S. 108 ff.; auch BUHL schätzt die Einwohnerzahl Jerusalems auf nicht mehr als 25000 (a. a. O. S. 53).

[3] J. BELOCH, a. a. O. S. 209.

[4] Sanheribs 46 Städte und die „kleineren Städte ohne Zahl", können wohl auf ein Drittel reduziert werden.

[5] Vgl. ED. MEYER, a. a. O. S. 109, wo er den Flächeninhalt Judas auf rund 4000 qkm berechnet.  Israel ist ungefähr 3 mal so groß; wir können daher den gesamten Flächeninhalt Israels und Judas auf ungefähr 16000 qkm rechnen. Vgl. auch BUHL, a. a. O. S. 52.

ausmachen. Zu dieser fast völlig sicheren Zahl eines Teiles der
Landbevölkerung, nämlich der Steuerzahlenden und Waffenfähigen,
kommen noch die Einwohner der Städte (ungefähr 150000) hinzu.
Der besitzende Teil der Bevölkerung des platten Landes und die
Gesamtbevölkerung (der Besitzenden wie der Besitzlosen) der Städte
würde demnach ungefähr 450—500000 betragen. Es muß jedoch be-
rücksichtigt werden, daß unter den 80000 Grundbesitzern bzw. Steuerzahlenden auch ein erheblicher Teil der Vermögenden (oder der Grundbesitzer) der Städte miteinbegriffen sind. Wir müssen daher von den
150000 Seelen der städtischen Bevölkerung etwa 25000, die schon in
der Zahl der ländlichen besitzenden Bevölkerung mitgerechnet sind, abziehen. Die oben angegebene Gesamtsumme wird daher auf ungefähr
425—475000 herabgesetzt werden müssen.

Schließlich ist noch die Zahl der Proletarier und die der Sklaven
zu schätzen. Der Dürftigkeit unserer Quellen wegen können sichere
Ergebnisse nicht erzielt werden; ein ungefähres Bild läßt sich jedoch
gewinnen. In Israel und Juda haben wir zusammen ungefähr 80000
Grundbesitzer. Barsillaj und Nabal sind die Repräsentanten des pri-
vaten Großbesitzes. Nabal hatte an Kleinvieh allein 4000 Stück, daneben muß er auch einen ansehnlichen Landbesitz gehabt haben. Ferner
wissen wir, daß seine Frau Abigail allein fünf Sklavinnen besaß. Die
Zahl der Sklaven Nabals und seiner Frau wird auf ungefähr 15 anzu-
setzen sein. Denn aus seiner Antwort an Davids Leute, daß er für
seine Scherer schlachten muß, um ein Festessen zu machen, geht hervor,
daß er an Scherern allein mehrere hatte. Nun kann man einwenden,
daß die Scherer nicht unbedingt Sklaven, sondern auch Taglöhner sein
konnten. Wie dem aber auch sei, die angegebene Zahl der Sklaven
wird für Nabal nicht zu hoch sein; die der Sklaven von Barsillaj wird
eher höher als niedriger sein, da sein Großbesitz mehr in Grund und
Boden als in Vieh bestand. So wollen wir die Zahl der Sklaven auch
für die prinzlichen und königlichen Güter nicht höher als die des pri-
vaten Großgrundbesitzes setzen. Um jedoch ein genaueres Bild zu gewinnen, müssen wir sehen, wie es in dem mittleren Besitz war. Die
klassische Stelle hierfür ist 2 Kg 4, 8 ff. Da sagt die Sunamitin zu
ihrem Mann: „Schicke mir doch einen von den Dienern und eine
Eselin." Daraus folgt, daß ihr Mann wenigstens einige Diener, etwa
drei bis fünf, besaß. Zusammenfassend können wir sagen, daß, da
unter den 80000 israelitisch-jüdischen Grundbesitzern die mittleren und
kleinen Besitzer sicher die überwiegende Mehrheit ausmachten, durchschnittlich auf jeden Grundbesitzer 2—3 Sklaven kamen. Das
macht ungefähr 200000 Sklaven für den Grundbesitz. Zu dieser Zahl

kämen noch ungefähr 25 000 Sklaven für das Handwerk und die Industrie, die allerdings schon in der Einwohnerzahl der Städte miteinbegriffen sind.    Die Gesamtzahl der Sklaven in Israel und Juda wird
daher ungefähr 225 000 betragen.    Was aber die Zahl des (freien) besitzlosen Proletariats, der Taglöhner, Handwerker usw. betrifft, so können
wir hier nur vorwegnehmen — ausführlicher werden wir weiter unten
darüber sprechen —, daß es im Wirtschaftsleben Israels keine geringere
Rolle als die Sklaverei gespielt hat.    So können wir die Zahl der besitzlosen proletarischen Bevölkerung in Israel auf ungefähr 300—350 000
schätzen.    Hierin mag aber die städtische besitzlose Bevölkerung miteinbegriffen sein.    Ihre Zahl wird der der gewerbe- und handeltreibenden
Bevölkerung der Städte gleichen.    So werden in der restlichen Zahl
der 125 000 städtischen Einwohner (von der Gesamteinwohnerzahl 150 000
rechneten wir ungefähr 25 000 den Grundbesitzern zu) ungefähr die
Hälfte Gewerbe- und Handeltreibende und die Hälfte Sklaven und besitzlose Proletarier sein.    Von diesen 65 000 müssen nun die 25 000 bereits
gerechneten Sklaven für das Handwerk und die Industrie abgezogen
werden; demnach beträgt die Zahl der proletarischen Bevölkerung
300 000 — 40 000 = 260 000  (oder  350 000 — 40 000 = 310 000).    D i e
G e s a m t e i n w o h n e r z a h l  v o n  I s r a e l  u n d  J u d a  um die Zeit
von 700 würde sich dann wie folgt zusammensetzen:

1. G r u n d b e s i t z e r
     (darunter die Mehrheit der mitt-
     leren und  der kleinen Besitzer):

|  |  |  |  |
|---|---|---|---|
| Ländliche | ungefähr 325 000 Seelen |  |  |
| städtische | „ 25 000 „ |  |  |
| (darunter auch die Kapitalisten) |  |  |  |
|  | zusammen 350 000 Seelen | 350 000 |  |

2. P r o l e t a r i a t

|  |  |  |
|---|---|---|
| Ländliches | ungefähr 300 000 Seelen |  |
| städtisches | „ 35 000 „ |  |
|  | zusammen 335 000 Seelen | 335 000 |

3. S k l a v e n

|  |  |  |
|---|---|---|
| Ländliche | ungefähr 175 000 Seelen |  |
| städtische | „ 25 000 „ |  |
|  | zusammen 200 000 Seelen | 200 000 |

4. G e w e r b e -  u n d  H a n d e l t r e i b e n d e

|  |  |  |
|---|---|---|
|  | ungefähr 60 000 Seelen |  |
|  | zusammen 60 000 Seelen | 60 000 |

                         Gesamteinwohnerzahl  945 000

Dieses so gewonnene Resultat von knapp 1 Million Einwohner für Israel und Juda wird durch die Angabe der Gesamteinwohnerzahl von Juda in Sanheribs Bericht bestätigt. Dort wird von 200 150 Judäern gesprochen. Berechnen wir nun die Einwohnerzahl Jerusalems auf ungefähr 25 000, so ergibt sich auch hieraus die Zahl von 225 000 Seelen für Juda. Da Israel ungefähr 3 mal so groß wie Juda ist, so ergibt sich auch von hier aus rund 1 Million. Nun sehen wir, wie k l e i n Israel und Juda waren, wie k l e i n seine Städte, wo sich das eigentliche Wirtschaftsleben doch abgespielt hat!

Aber auch in diesen kleinen Städten, ebenso wie auf dem platten Lande, war die Differenzierung der Klassen, und daher auch der Klassenkampf stark. Zu den Großagrariern des platten Landes gesellen sich die Besitzer des Kapitals in der Stadt, wie zu den Sklaven und Hintersassen des Großgrundbesitzes die immer wachsende Zahl der Proletarier aus der städtischen und ländlichen Bevölkerung. Bevor wir jedoch zu den sozialen Verhältnissen übergehen, gilt es, die Staatsverfassung zu beurteilen.

Drittes Kapitel

# Die Verfassung des Staates und dessen Aufgaben

## 1. Volksverfassung, Königtum und Haushalt

Von Hause aus war das israelitische Königtum keine Tyrannis. Die Wahl Sauls zum König unterscheidet sich von der Jephthas zum Häuptling nicht viel. Daher ist auch anfangs keine große Änderung in der sozialen Stellung der Zkenim zu verzeichnen. Innerhalb des Geschlechts und des Stammes bleiben sie nach wie vor die Führer [1].

Diesen seinen ursprünglichen Charakter hat das Königtum sehr bald völlig geändert. Nach 1 Sam 15, 17 scheint Saul zwar keine Herrschernatur gewesen zu sein, aber in 1 Sam 11, 7 tritt Saul absolutistisch auf. Jeder, der nicht seinem Befehl gehorcht, würde wie das Rind in zwölf Stücke zerschnitten werden. Um seine Macht zu be-

---

[1] Die Wahl des Königs seitens der Ältesten, die vertragsmäßige Vereinbarung der gegenseitigen Rechte und Pflichten ist noch bei David der Fall (2 Sam 5, 3), und wir wissen nicht, wie es bei der Wahl von Jerobeam I. war.

festigen, ernennt er seinen Vetter Abner zum Feldhauptmann. Aus gleichen Erwägungen macht er David zu seinem Schwiegersohn. Dennoch war Saul kein Herrscher im späteren Sinne; daß man ihm „Geschenke brachte", versteht sich von selbst (1 Sam 10, 27).

Mit der Entstehung des Königtums ergab sich die Spannung zwischen der neuen und der alten Volksverfassung. Denn eine Art Doppelregierung finden wir während der ganzen Zeit in Israel: den König mit seinen Beamten und die Ältesten. Aus beiden Gruppen stammen die „Richter" des Volkes (Ex 18, 3 ff. 22; Dt 16, 18; 19, 12). Dieser Umstand kann nur auf die alte Volksverfassung (d. h. zugleich auf die Macht der Ältesten) zurückgeführt werden. So wird auch Jos 1, 10, wo von den Amtsleuten des Volkes die Rede ist, an diese Volksverfassung zu denken sein. Doch darf man daraus nicht den Schluß ziehen, daß das „Volk" im eigentlichen Sinne des Wortes politisch viel zu sagen hatte. Zwar gilt die Volksversammlung, der „KahalIsrael", als die höchste politische Instanz, wir dürfen aber ihre Bedeutung im Staatsleben nicht überschätzen. Das Volk wird nach wie vor durch die Ältesten repräsentiert (1 Sam 8, 4. 2; 2 Sam 5, 3; Jos 1, 10; 3, 2; Dt 1, 9. 15). Von denjenigen Stellen, wo vom „ganzen Volk" die Rede ist, wie 1 Sam 10, 24, wonach das „ganze Volk" Saul zum König gewählt hat, und 1 Kg 8, 2, wo Salomo zur Einweihung des Tempels außer allen Ältesten auch „jeden Mann" von Israel kommen ließ, ist nur 2 Kg 21, 24 von historischem Wert. In den Thronwirren nach der Ermordung Amons nimmt das Am-haarez, die Landbevölkerung, nicht nur aktiv am Staatsleben teil, sondern spielt sogar die ausschlaggebende Rolle. Wie man andererseits das Volk vom politischen Leben auszuschalten suchte, geht aus 2 Kg 18, 26 ff. mit aller Deutlichkeit hervor. Der Obermundschenk des Königs von Assur sprach mit Eljakim und den anderen hohen Beamten Hiskias „Jüdisch", d. h. Hebräisch. Da baten sie ihn, er möchte doch Aramäisch sprechen, damit das Volk auf der Mauer seine Forderungen nicht verstehe. Unter Kahal ist wohl eher die Ortsgemeinde- und Gerichtsversammlung als die des ganzen Volkes zu verstehen [1].

Wenn Saul mit der alten Verfassung noch nicht gebrochen hat, so ist aber David viel weiter gegangen. Er hatte einen genau gegliederten Ministerrat: Joab, der Oberbefehlshaber; Jehosaphat, der Kanzler; Zadok und (Abjathar), die Priester; Seraja, der Schreiber (ספר) und Benajahu, der Hauptmann der Krether und Plether (2 Sam 8, 16 ff.). Neben diesen

---

[1] Vgl. J. WELLHAUSEN, a. a. O. S. 88.

hohen Beamten stehen Adoniram und ein dritter Priester, der Jairit Ira (2 Sam 20, 23 ff.). Die wichtigsten Posten sind die militärischen. Außer Joab, dem Befehlshaber über das gesamte israelitische Heer, finden wir noch besonders einen Hauptmann über die königliche Leibwache, die aus fremden Söldnern bestand. Für die Verwaltung und Organisation des Reiches ist der Titel Adonirams „der Fronminister", bezeichnend. Aus ihm geht hervor, daß bereits in der zweiten Periode des davidischen Königtums eine geordnete Verwaltung hinsichtlich der Fron und der Steuern durchgeführt war. Das ist begreiflich, wenn man bedenkt, daß die unterworfene Bevölkerung durchweg entweder versklavt oder aber zu Fronarbeit verwendet wurde. Ebenso wichtig ist die Tatsache, daß zu den hohen Beamten ein dritter Priester hinzukam [1].

Nicht die Ältesten bestimmen von nun ab die Wahl des Königs, noch ist die Erbfolge selbstverständlich, sondern allein der Wille des Königs ist maßgebend, wenn dieser auch häufig nur Spielzeug in den Händen der Hofintriganten gewesen sein mag [2]. So war es bei der Thronbesteigung Salomos. Als der Ältere war Adonia rechtlich der Thronfolger. Und anfangs bestimmte ihn auch David zum König. Es genügte aber das Eingreifen des Propheten Nathan, um David zu überreden. Was für eine Rolle allerdings Benajahu, der Hauptmann über die Krether und Plether dabei gespielt hat, wissen wir, und es steht außer Frage, daß Salomo auch ohne Sanktion Davids zum König „gewählt" worden wäre.

Davids Harem von acht Hauptfrauen und zehn Kebsweibern [3] verschwindet gegen den Salomos. 1 Kg 11, 1 f. spricht von nicht weniger als 700 Gemahlinnen im Fürstenrang und 300 Nebenfrauen; das HL 6, 8 von 60 Königinnen, 80 Kebsen und von Jungfern ohne Zahl. Das mag unhistorisch sein, obwohl eine an sich erstaunliche Zahl erst zu diesen Übertreibungen geführt haben wird. Über die Hofhaltung Salomos gewinnen wir durch 1 Kg 5, 2 ff. ein Bild; danach betrug der tägliche Bedarf Salomos: „30 Kor Feinmehl und 60 Kor Schrotmehl, 10 gemästete Rinder und 20 Rinder von der Weide und 100 Schafe, abgesehen von den Hirschen, Gazellen, Damhirschen und gemästeten Gänsen." Wenn wir nun das durchschnittliche Gewicht des Mehls und der Rinder berechnen, so bekommen wir: 32 580 L. Mehl täglich (1 Kor = 362 L.) und ungefähr 15 000 Pfund Fleisch. Diese Mengen

---

[1] Wenn wir auch noch nicht von einer Hierokratie in dieser Zeit sprechen können, so ist doch der wachsende Einfluß der Priester nicht zu verleugnen, mögen sie auch einstweilen bloße Organe des Königtums gewesen sein.

[2] 2 Sam 3, 7; 16, 20; 1 Kg 2, 22.    [3] 2 Sam 15, 16.

genügen für 20 000 Mann pro Tag. Jedoch ist die Zahl von 20 000
für die damalige Zeit viel zu hoch gegriffen, da die Gesamtbevölkerung
von Jerusalem, wie wir oben gesehen haben, nicht mehr als 25 000
Seelen zählte. Die Reduzierung auf ein Drittel wird der Wirklichkeit
eher entsprechen, verteilt auf 5000 Mann in der Armee [1] und 2000 Mann
bei dem Hofe.

## 2. Verwaltung und Steuern

Der Wunsch Salomos, den großen König zu spielen, mußte notgedrungen auch eine tiefgreifende Änderung in der Staatsverwaltung
mit sich bringen. Für einen solchen Hof, ein solches stehendes Heer
und eine Leibwache, waren große Mittel notwendig. Hinzu kommen
die Verpflichtungen Tyrus gegenüber. So entschloß sich Salomo zu
einer radikalen Maßnahme. Unbekümmert um Geschlecht und Stamm
teilte er das Reich in 12 Bezirke ein, die er 12 Vögten zur Verwaltung übergab. Jeder Vogt war verpflichtet, den Hof, die Armee
und die Rosse einen Monat im Jahr durch Naturallieferungen zu unter-
halten (1 Kg 4, 7).

Die Provinzeinteilung unter Salomo ist in 1 Kg 4, 7 ff. nicht
eindeutig gegeben. Nach 4, 9 heißt es: ... „Sohn Dekers, in Makaz,
(ihm) (unterstand) Saalbim und Beth - Semes und Elon (bis) Beth -
Hanan.“ Wo Makaz und Elon liegt, wissen wir nicht. Wir wissen
aber aus Ri 1, 35, daß die Amoriter das Haus Josephs in Saalbim und
in Ajalon unterjocht haben. Es scheint daher kein Zweifel zu sein,
daß wir es hier in 1 Kg 4, 9 mit einem einfachen Schreibfehler zu tun
haben und es muß anstatt וְאֵילוֹן „וְאַיָלוֹן“ heißen. Dann ist auch der
Verwaltungsbezirk Dekers klar: außer einem Teile des Gebietes des
Hauses Josephs umfaßte er auch Beth-Semes in Westjuda. Wenn
auch Juda z. T. Steuern zahlte, so standen sie doch in keinem Verhältnis zu den Lasten Israels. So wissen wir aus 1 Kg 5, 27, daß
Salomo aus ganz Israel 30 000 Fronarbeiter ausgehoben hat [2]. Wäre
die Behandlung der israelitischen Stämme keine härtere als die Judas
gewesen, so wäre die Forderung der Ältesten Israels, der Thronfolger
Rehabeam möchte das Joch erleichtern, nicht zu verstehen. Ja, man
gewinnt den Eindruck, daß Salomo Juda gegenüber sich deshalb milder
gezeigt habe, um gegen etwaige Empörungen der anderen Stämme in
seinem eigenen Stamme eine Stütze zu haben. Im ganzen aber hat
sich das Königtum bereits mit David vom Geschlechtsverband gelöst
und stützt sich auf das Heer bzw. auf die Leibwache.

---

[1] Dazu kommt das Heer und die Spann- und Reitpferde außerhalb der Hauptstadt (1 Kg 5, 6 ff.).    [2] In 1 Kg 9 22 bestritten.

Wir erfahren, daß Salomo an Hiram allein zweimal soviel Weizen geliefert hatte, wie an seinem eigenen Hofe an Weizenmehl verbraucht wurde (20 000 : 10 950 Kor). Es kommen noch die großen Mengen Gerste und Stroh hinzu, die die Vögte für die Pferde und für die Zugtiere aufzubringen hatten. Endlich die Mengen an Wein und Öl, die man sowohl nach Tyrus wie nach Ägypten brachte. Um dies alles aufzubringen, mußte man einen Verwaltungsapparat mit Beamten haben. So finden wir unter den hohen Beamten Salomos bereits zwei Schreiber und einen Obervogt. Das wichtigste neue Ressort ist das Hofministerium, an deren Spitze der Palastoberste Achisar stand.

Aus welchen Kreisen werden die königlichen Beamten genommen? Abner, der erste israelitische Feldherr, stammt aus dem Geschlechte Sauls. Die hohen Beamten Davids und Salomos gehörten sicher zur Aristokratie, konnte doch nur derjenige Soldat sein, der vollberechtigt, d. h. besitzend war. Die soziale Stellung der salomonischen Beamten und Vögte beleuchtet die Tatsache, daß zwei von den zwölf Vögten Schwiegersöhne des Herrschers waren (1 Kg 4, 11. 15).

Das salomonische Verwaltungssystem barg Gefahren in sich; die Vögte waren in ihren Bezirken unumschränkte Herrscher. Über ihnen stand zwar der Obervogt. Eine Kontrolle über die aufgebrachten Mengen wurde nicht geübt. Bei solchen Vollmachten war die Versuchung zu eigner Bereicherung groß. Unvermeidlich war dann eine Auspressung und Ausplünderung der Bevölkerung. Stade[1] nennt sie die parteiischen Leuteschinder und Blutsauger. Dafür ist das Endresultat der salomonischen Herrschaft ein absolut eindeutiges Zeugnis: nämlich der Zerfall des Reiches! Ob die königlichen Beamten besoldet oder ehrenamtlich tätig waren, läßt sich nicht genau sagen. Von einem Beamtengehalt ist ausdrücklich nirgends die Rede; nach 1 Sam 8, 14 ff. verleiht der König seinen Beamten Lehnsgüter.

Die Einteilung des Landes in Bezirke blieb augenscheinlich in Israel die ganze Zeit bestehen. Für die Zeit Ahabs finden wir sie belegt (1 Kg 20, 14) mit dem einzigen Unterschied, daß die Vögte nicht den Titel Nezib, sondern Sar ha Medina führten[2]. Eine Änderung in den Pflichten der Vögte ist hier insofern eingetreten, als die Vögte im Falle des Krieges auch ein bestimmtes Kontingent von „Knappen" zu liefern hatten. In wieviel Bezirke das israelitische Reich unter Ahab eingeteilt war, wissen wir nicht, auf alle Fälle aber war deren Zahl nicht höher als die unter Salomos Regierung. Nicht der König,

---

[1] Geschichte des Volkes Israel, Berlin 1881, S. 411.
[2] Vgl. WELLHAUSEN, a. a. O. 65 Anm. 1. Offenbar Gerichtsbezirk.

sondern die Vögte und die Beamten regierten im Lande
und ihrer Willkür war die Bevölkerung ausgesetzt. Ihr rücksichtsloses
Vorgehen wird in den Reden der Propheten klar zum Ausdruck gebracht. „Weil ihr die Geringen niedertretet und Geschenke an Korn
von ihnen annehmt" sagt Amos (5, 11), und Jesaia (1, 23) nennt sie:
„Aufrührer und Diebesgenossen". „Sie alle nehmen gern Geschenke
und laufen der Bezahlung nach."

Haben wir es in Israel mit ordentlichen oder nur außerordentlichen Steuern zu tun? Wegen der Dürftigkeit unserer
Quellen können wir leider völlig befriedigende Ergebnisse nicht er-
warten. WELLHAUSEN[1] vermutet nur außerordentliche Umlagen
auf die Wohlhabenden. Jedoch wäre es von Grund aus verfehlt, wenn wir
nur deshalb, weil wir keine Angaben für ordentliche Steuern im A.T.
haben, das Institut derselben als solches verneinen. Die außerordentliche Umlage Menahems (2 Kg 15, 20) kann nur als Notmaßnahme verstanden werden, die für den Tribut bestimmt war, die Schätzung Joja-
kims aber (2 Kg 23, 35) spricht dagegen für eine ordentliche Steuer.
Die außerordentlichen Steuern waren gerade deshalb vonnöten, weil
die ordentlichen nicht ausreichten. Von der „Mahd des
Königs" ist auch in Am 7, 1 die Rede. Die Einrichtung der Grundsteuer scheint aus der Josephssage hervorzugehen. Denn wäre dem
Erzähler die Grundsteuer in Palästina völlig unbekannt, wie es WELL-
HAUSEN annimmt, würde er nicht über ihre Einführung durch Joseph
in Ägypten so genau berichten können.

So sehen wir, daß die innere Verwaltung des Königtums hauptsächlich auf Eintreibung der Steuern zugeschnitten war. Von irgend-
welchen Bauunternehmungen — etwa zu gemeinnützigen Zwecken —
ist keine Rede; die einzige Ausnahme bildet der Siloah-Kanal Hiskias
(2 Kg 20, 22). Ähnliches kann man auch für die anderen Großstädte
annehmen. Wie überall im Altertum hat auch das Königtum in Israel
trotz des großen Aufschwunges im 9. und 8. Jahrh. für die geistige
Bildung des Volkes keine Sorge getragen. Diese war, wie auch der
Unterricht, Privatsache.


## 3. Kriegführung und Rechtsprechung

Der König ist der oberste Feldherr. Aber ebenso wie Saul seinen
Vetter Abner zum Feldherrn ernennt, so auch David den Joab. Je
mächtiger der König wird, desto weniger beteiligt er sich persönlich

---

[1] a. a. O. S. 85.

an den Schlachten. In seiner späteren Regierungszeit finden wir
David sehr selten an der Front, und damit ist auch begreiflich, daß
nicht David, sondern Joab die Macht besaß, der sich der König beugen
mußte. Gleichzeitig war der König oberster Priester und oberster
Richter. Er galt als der Gesalbte Jahwes. Zwischen Gott und König
war anfangs ein Bündnis geschlossen: „Gott sollst du nicht lästern und
einen Fürsten in deinem Volk nicht verwünschen" (Ex 22, 27). Aber
auch hier überträgt der König sein Amt auf angestellte Hofpriester.
Die wichtigste Aufgabe des Königs war die Rechtsprechung. Die
Justiz war und blieb der wunde Punkt in der israelitisch-
jüdischen Geschichte. Die Willkür der Sarim und Ältesten
war gerade auf dem Gebiete der Rechtsprechung himmelschreiend.
Die Witwe und der Waise, der Anni und der Ebjon, der Dal und
der Rasch waren das ständige Unterdrückungsobjekt für die rück-
sichtslosen, Recht und Gerechtigkeit mit Füßen tretenden Richter
und Sarim.

Wir haben bereits gesehen, daß Richter und Älteste, wenn nicht immer,
so doch sehr häufig, identisch sind. Damit ist zum guten Teil die soziale
Stellung der Richter klar. Die anderen waren die königlichen Beamten.
Weil von einer Zentralgewalt in Israel keine Rede sein konnte, waren
die königlichen Beamten ebenso im Rechtsprechen allmächtig wie in
der Eintreibung der Steuern. Hier sollte und mußte der König eingreifen.

Wie es mit der Rechtsprechung zur Zeit Davids bestellt war, dafür
haben wir gute Beispiele. Absalom wußte wohl, daß am Hofe des
Königs niemand da war, der dem Kläger und Bittsteller Gehör schenkte.
So pflegte er frühmorgens sich neben dem Torwege aufzustellen und
jedem einzelnen, der zum König ging, um sich Recht sprechen zu lassen,
klarzumachen, daß seine Mühe vergebens sei. „Was du sagst, ist schön
und wahr; aber beim König ist niemand, der dir Gehör schenkt!"
pflegte er zu antworten. Und auf diese Weise „stahl Absalom das
Herz der Männer von Israel". Wie konnte bei diesem König, der die
ungeheure Gewalttat gegen Uria verübt hatte in einem Moment, wo
jener an der Front für den König kämpfte, an gerechtes Gericht zu
denken sein? So hat David die wichtigste Aufgabe nicht erfüllt, der,
nach der Tradition, Salomo gerecht wurde. Als Jahwe ihm in Gibeon
im Traum erschien und ihn fragte, was er ihm geben sollte, da bat
Salomo nur um ein verständiges Herz, damit er Recht und Unrecht
scheiden könne. Und in dem Urteil in Sachen der beiden Huren zeigte
Salomo Weisheit und Gerechtigkeit.

Wie die Legende David zum Heiligen gemacht hat, so und

nicht anders steht es bei Salomo.  Keine Spur von gerechtem Regiment.  Adonia wurde aus dem Wege geschafft, bald darauf auch Joab, und gerade hier bewies der König, daß Gesetz und Sitte vor königlicher Gewalt weichen müsse.  Der Spruch: „Ein Greuel ist den Königen gottloses Tun; denn durch Gerechtigkeit wird der Thron befestigt", ist kaum jemals mehr als ein frommer Wunsch gewesen.

Der Rechtswillkür sucht das Bundesbuch zu steuern.  So heißt es (Ex 23, 6, 8): „Das Recht des Armen sollst du in seinem Prozeß nicht beugen ... und Geschenke nimm nicht an, denn Geschenk macht (die Augen) Sehender blind, und verdreht die gerechte Sache."  Aus der Bestimmung, daß man keine Geschenke machen dürfe, geht klar hervor, daß sich bereits damals aus der ursprünglichen Belohnung des Richters durch Geschenke die Korruption entwickelt hatte.  Die Klassenjustiz der Könige ist bekannt.

Wie der Gesetzgeber des Bundesbuches suchte auch der Elohist in seinem Dekalog die Rechtsprechung vor Gewalt und falschen Zeugen zu schützen.  Das neunte Gebot des elohistischen Dekalogs heißt: „Du sollst nicht gegen deinen Nächsten als falscher Zeuge aussagen."  Am besten beleuchten die Reden der Propheten die Justiz in Israel und Juda.  „Wehe denen, die das Recht in Wermut verkehren, und gerechte Sache zu Boden werfen" (Am 5, 7).  „Wehe denen," ruft der Prophet in Verbitterung aus, „die Unheilsgesetze geben und den Schreibern, die immerfort Qual schreiben, daß sie die Geringen vom Rechtsweg abdrängen und die Elenden meines Volkes ihres Rechtes berauben" (Jes 10, 1 f·).  Daraus sehen wir, daß diese Justiz keine Zufälligkeit war, sondern daß immerfort neue Gesetze herausgegeben worden sind, die Klassencharakter trugen.  Da die Rechtsprechung ein wichtiger Bestandteil der sozialen Reform war, suchte auch der Deuteronomiker in seiner Gesetzgebung der Klassenjustiz zu steuern.  „Richter und Amtsleute sollst du an allen deinen Ortschaften ... einsetzen, damit sie das Volk mit Gerechtigkeit richten" (Dt 16, 18).  Eine Änderung hat auch er nicht erreicht.  So sehen wir, daß auf allen sozialen Gebieten der Staat und das Königtum versagt hat.

---

Viertes Kapitel

# Die sozialen Verhältnisse und der Untergang des Reiches

## 1. Proletariat und Sklaverei

Die Sklavengesetze im Bundesbuch und der Kauf von „Nichts-nutzigen" durch Abimelech besagen, daß die Verschiebung des Besitzes um diese Zeit so weit vorgeschritten war, daß es eine bäuerliche Be-völkerung gab, die nichts mehr ihr eigen hatte, kurz: ein besitzloses Landproletariat.

Die Anhänger Davids waren „allerlei Bedrängte, sowie jeder, der einen Gläubiger hatte, und allerlei mißvergnügte Leute" (1 Sa 22, 2). Hier treten die sozialen Gegensätze und Mißstände klar vor Augen.

Neben die Landwirtschaft trat später der Handel als Beschäftigung des Volkes hinzu. Der kleine Bauer mußte die Erzeugnisse der Stadt entweder gegen seine landwirtschaftlichen Produkte eintauschen oder aber kaufen. Jedoch konnte der kleine Bauer sich von seinem eigenen Bodenertrag nicht ernähren und mußte Getreide und Geld gegen hohe Zinsen borgen. Damit war dann auch notgedrungen die Schuldhaft gegeben. Die ganze Habe des kleinen Bauern, der Grund und Boden, kam in die Hände des Gläubigers; reichte dies nicht aus, so wurde er selbst (mit Frau und Kind) ein Höriger. Ja, er wird sogar häufig in die Sklaverei außer Landes verkauft.

Zwischen dem ländlichen und dem städtischen Proletariat ist ein starker Unterschied zu machen. Zum letzteren gehören hauptsächlich die Tagelöhner, Handwerker und auch zum Teil die kleinen Krämer. Ebenso wie zum Teil ihre ländlichen Klassengenossen sind sie persönlich frei, aber ohne Recht am politischen Leben. Während der mittlere Grundbesitzer militärfähig ist und daher auch an der politischen Leitung des Staates teilnimmt, ist der Kaufmann in seinen politischen Rechten dem Handwerker gleichgestellt. Jedoch ermöglicht die Akkumulation des Kapitals auch dem Kaufmann, durch Ankauf von Grund und Boden die politischen Rechte des Großgrundbesitzers zu erwerben. Nun müssen wir uns vor Übertreibungen hüten. „Die volle Wehr-haftigkeit und also: politische Macht lag aber in vorexilischer Zeit in erster Linie bei den stadtsässigen Sippen," sagt Weber [1] und spricht an anderer Stelle [2] von „Stadtstaaten". Die israelitische Stadt

---

[1] MAX WEBER, Das antike Judentum, Tübingen 1921, S. 32.   [2] a. a. O. S. 19.

ist jedoch zu ihrer Bedeutung erst in der Königszeit gekommen.   Wir
haben aber gesehen, daß die Differenzierung des Besitzes schon während
der Richterzeit entstanden ist, daß ferner die Richter und der König
selber nur der Ausdruck der herrschenden Geschlechter sind, nämlich der,
um mit Weber zu sprechen, zur Selbstequipierung Fähigen.
Wo bleiben die Geschlechter des platten Landes?  Das israelitische Königtum hatte nach wie vor mehr den Charakter eines
Bauerntums, ebenso wie Rom eine Bauernrepublik war.   Der Begriff
von „Stadtstaat" im klassischen Sinne kann höchstens für das nachexilische Jerusalem und für Jerusalem gelten.  Wir wissen nicht, ob
auch in Israel, wie später in Griechenland und Rom, die Stadt die
Landbevölkerung allmählich aufsog.

Vielmehr sind für das soziale Leben Israels die Verhältnisse auf
dem platten Lande maßgebend gewesen.   Die wichtigste Rolle spielen
hier die Latifundien.  Plinius' Seufzer: „Latifundia perdidere Italiam,
iam vero et provincias" ist die Fortsetzung von Michas: „Wehe
denen ... die Felder begehren und an sich reißen, Häuser und sie
wegnehmen, die den Herrn und sein Haus vergewaltigen, den Mann
und sein Besitztum."  Die Latifundien scheinen in Israel geradezu er-
schreckende Formen angenommen zu haben.   Die Mehrzahl der ursprünglich selbständigen Bauern werden in Israel wie in Griechenland
und Rom als Pächter und Tagelöhner beschäftigt gewesen sein.  Deshalb
ist die wirtschaftliche Bedeutung des israelitischen ländlichen Proletariats
eine viel höhere als die des städtischen.   Daß daneben auch die Taglöhner in Israel eine wichtige Rolle gespielt haben, ist aus den Bestimmungen des Deuteronomiums bekannt.   Sowohl das ländliche wie
das städtische Proletariat sind persönlich frei, gehören aber beide nicht
zum Verband der Sippe, sind nicht wehrfähig, daher auch unfähig an
den Geschäften der Gemeinde oder des Staates teilzunehmen.  Aber
nicht nur vom Staatsleben waren die Besitzlosen ausgeschlossen, auch
am Kultus nahmen sie nicht teil; denn die Religion war „männlich,
kriegerisch, aristokratisch" nach der trefflichen Bezeichnung von
Wellhausen.

Sprechen wir aber vom städtischen und ländlichen Proletariat,
müssen wir auch den Ger erwähnen.  Zum Unterschied von Nokri,
dem absolut Fremden, dem Ausländer schlechthin, kann der Ger sowohl der Volksfremde als auch der Volksgenosse sein (2 Sam 1, 8. 13;
Ri 17, 8, 9).  Beruht auch das Verhältnis zwischen dem Ger und dem
Herrn auf einem freien Abkommen und ist er auch ein Glied des
Familien- und Geschlechtsverbandes, so ist doch seine soziale Lage
keine beneidenswerte.  Den Schutz, den er von seinem Patron genießt,

muß er durch schwere Arbeit bezahlen. Bisweilen erhält er zwar außer
Nahrung und Kleidung auch einen gewissen Lohn (Dt 24, 14) und erscheint als freier Tagelöhner. Überall fordert das Gesetz, daß der Ger
nicht bedrückt wird, wie er an der Sabbatruhe teilhaben soll. Verfehlt wäre es aber zu behaupten, daß der Landfremde (nokri)
schlechthin rechtlos war. Aus unseren Quellen geht hervor, daß wir
auch hier eine Scheidung nach der wirtschaftlichen Stellung des
einzelnen machen müssen. Denn wir sehen sehr häufig Ausländer an
den israelitisch-jüdischen Königshöfen in hohen Ämtern. Uria z. B. war
ein Hetiter; die Verschwägerungen mit den anderen Höfen hatten zur
Folge, daß man auch den Untertanen der fremden Staaten politische
Rechte gewährte.

Wenn die Behauptung WEBERS, daß die reichen Landbesitzer
generell auch schon in der vorexilischen Zeit in Jerusalem residierten,
auch nicht zutrifft, so scheint doch die Lage der von der Stadt abhängigen Ortschaften der der Periöken zu entsprechen, obgleich wir
dafür keinen direkten Beleg haben. Sie und das städtische Proletariat
sind es hauptsächlich, die bei den Propheten mit dem „Volk" zum Unterschied von den „Großen" gemeint sind. Wie stark das ländliche Proletariat vor der Zerstörung Jerusalems war, zeigt 2 Kg 25, 12. Diese
Stelle ist von außergewöhnlicher Bedeutung für das Verständnis der
sozialen und deswegen auch der politischen Machtverhältnisse um die
Zeit von 600. Nach der Zerstörung Jerusalems wies Nebukadnezar
dem Landproletariat die Äcker und die Staatsämter der nach Babylon
deportierten Aristokratie zu, um sich dadurch des Proletariats in Juda
zu versichern.

Was für eine Rolle spielte die Sklaverei im israelitisch-jüdischen
Wirtschaftsleben und in welchem Umfange kam die Sklaverei vor?

„Nabal erwiderte Davids Knechten: Wer ist David? Wer der
Sohn Isais? heutzutage gibt es genug Sklaven, die ihrem Herrn davonlaufen!" (1 Sam 25, 10.) Aus dieser Notiz geht mit aller Deutlichkeit
hervor, daß es bereits in dieser Zeit eine Sklavenfrage gab.
Es ist eine gewöhnliche Erscheinung, daß die Sklaven ihrem
Herrn davonlaufen. Nach 1 Kg 2, 39 sind Simei zwei Sklaven ent-
flohen, er sattelte seinen Esel, zog nach Gath und brachte seine Sklaven
zurück. Von hier aus sind die Bestimmungen im Bundesbuch über die
Sklaven zu verstehen. Die Bestimmung über Freilassung der Sklaven
im siebenten Jahr, die das Bundesbuch fordert, bedeutet ein Nachgeben
gegenüber proletarischen Forderungen. Diese Entwicklung in der vor-
königlichen Zeit zeigt, wie früh in Israel eine Sklavenfrage auftaucht.

„Die Sklaven sind kein produktives, sondern ein sehr kostspieliges

4*

Inventar des Hauses; sie dienen im wesentlichen nur der persönlichen Bedienung" und im Orient „findet sich die Haussklaverei nur da, wo man auch bei uns eine persönliche Bedienung zu halten imstande ist" [1]. Diese These ED. MEYERS ist zum mindesten anfechtbar. Wenn die Sklaven kein produktives Inventar wären, so ist unbegreiflich, wie man sich um die Wiedergewinnung der entflohenen Sklaven bemühen konnte. Aber noch deutlicher ist Dt 15, 18, wo ausdrücklich gesagt wird, daß der Sklave die Hälfte des Tagelöhners kostet. Dahinter steht dieselbe Tendenz wie später in Griechenland und Rom, wo „der Unternehmer für geringes Kapital sich eine Arbeitskraft kauft, die er für seine Zwecke anlernen und bis ans Ende voll ausnutzen konnte", „dafür braucht er dem Sklaven nur das Minimum an Existenzmitteln zu gewähren, das erforderlich ist, um ihn arbeitsfähig zu erhalten; und vor allem . . . er kann seine Kräfte weit intensiver ausnutzen, als das mit der Arbeitskraft des Freien möglich ist." [2]

Mit der wirtschaftlichen Entwicklung im Allgemeinen und daher auch mit der Sklaverei ist die Kriegführung eng verbunden. Solange die Wirtschaftsform eine primitive war, bestand begreiflicherweise keine große Nachfrage nach Arbeitskräften, oder sie wurde durch die eigenen Stammesgenossen befriedigt. So allein ist die barbarische Kriegsführung zur Zeit Sauls verständlich; man wußte nicht, was man mit der männlichen Bevölkerung anfangen sollte [3]. Ganz anders aber schon zur Zeit Davids: die Mehrzahl der unterworfenen Feinde, so die Einwohner von Rabbath und anderer Städte, werden zur Fronarbeit verwendet. Diese Wendung ins Humane (vgl. 1 Kg 20, 31) darf nicht überschätzt werden, wie Dt 20, 10 ff. zeigt. Ihre Triebkraft war jedenfalls die vergrößerte Nachfrage auf dem Arbeitsmarkt.

Über die ausländischen Sklaven im israelitischen Wirtschaftsleben fehlen direkte Aussagen, dennoch kann man von den Konzessionen an den hebräischen Sklaven, von denen der Landfremde ausgeschlossen war, Rückschlüsse machen. Im Bundesbuch ist eine Scheidung zwischen dem hebräischen und dem fremden Sklaven zu machen. Der hebräische Sklave — und in vielen Fällen der eigene Stammgenosse — ist für den israelitischen Herrn eine zum mindesten unangenehme Arbeitskraft. Denn dem Herrn und dem Sklaven sind die herrschenden Sitten und Gebräuche gemein, das schafft eine gewisse Familiarität, von der der Herr nichts wissen will. Das Wichtigste aber ist

---

[1] ED. MEYER, Die Sklaverei S. 26.    [2] a. a. O. S. 33.
[3] Vgl. ED. MEYER, Die Sklaverei S. 19.

die Forderung des Gesetzes, daß man im siebenten Jahre den hebräi-
schen Sklaven und nach dem Deuteronomium auch die hebräi-
sche Sklavin freilassen soll. Gewiß blieb das häufig nur ein frommer
Wunsch des Gesetzgebers, und es ist fraglich, ob vor der Belagerung
Jerusalems die Sklaven freigelassen wurden. Immerhin war es für den
Herrn eine peinliche Situation, gegen das bestehende Gesetz zu handeln [1].
Es ist deshalb begreiflich, daß er sich nach landfremden Sklaven
umsah, die auch das Gesetz völlig seiner Gewalt auslieferte, eine
Arbeitskraft, die auch gesetzlich für immer und ewig ihm gehörte.
Die Rechte, die der hebräische Sklave sich errungen
hatte, gingen auf Kosten seiner landfremden Klassen-
genossen. So können wir annehmen, daß auch in Israel, wie in
Griechenland und in Italien, die aus der Fremde eingeführten Sklaven
eine ungeheure Konkurrenz für das einheimische Proletariat waren und
in hohem Maße die Nachfrage des Arbeitsmarktes gedeckt haben.

Die Sklavin, entweder durch Krieg, Raub oder Kauf erworben,
dient „in aller erster Linie . . . der Befriedigung des Geschlechtstriebes:
die Sklaverei und zwar die Haussklaverei erfüllt in einfachen Verhältnissen vor allem die Funktion, welche später der mehr oder weniger
geregelten Prostitution zufällt." [2] Im Bundesbuch wird vorausgesetzt,
daß die Sklavin dem Herrn mit ihrem Leibe gehört, sie erfüllt hauptsächlich die Funktion der Konkubine. „Mißfällt sie ihrem Herrn, nachdem er ihr beigewohnt hat, so kann er sie loskaufen lassen. Nimmt
er sich noch eine andere, darf er sie in Fleischnahrung, Kleidung und
Beiwohnung nicht verkürzen" (Ex 21, 8 f.). Eine der größten Errungen-
schaften der sozialen Bewegung im 7. Jahrhundert war es, daß (im
Deuteronomium) die Rechte der israelitischen Sklavin denen des Sklaven
gleichgestellt werden (Dt 15, 12). Gleichzeitig tritt hier die Sklavin
als Arbeitskraft, nicht als Konkubine, auf. Sonst stehen die Sklaven
und Sklavinnen auch im persönlichen Dienste des Herrn und der Herrin
(1 Sa 9, 5 ff.). Was die Arbeit betrifft, so pflegt der Sklave hauptsächlich für die Feldarbeit, die Sklavin dagegen für das Weben, Mahlen
und Backen verwendet zu werden (2 Kg 4, 22; Ex 11, 5; Jes 47, 2).

Es ist die herrschende Auffassung, daß die Stellung des Sklaven
in Israel keine schlechte war. „So wenig aber galt die Sklaverei als
ein Unglück, daß das Gesetz voraussetzen konnte, daß in vielen Fällen
der israelitische Sklave vorziehen werde bei seinem Herrn zu bleiben" [3].

---

[1] Ed. Meyer zweifelt sogar, ob es auch eine rechtliche Verpflichtung war.

[2] Derselbe, a. a. O. S. 18. Die Behauptung Bertholets (a. a. O. S. 24), daß
die Huren größtenteils Fremde waren, ist verfehlt.

[3] Benzinger, Hebräische Archäologie S. 125.

Was für Fälle sind das? „Hat ihm sein Herr ein Weib gegeben und diese ihm Söhne oder Töchter geboren, so soll das Weib mit ihren Kindern seinem Herrn gehören und er allein soll entlassen werden" (Ex 21, 4). Ist aber damit nicht die Notwendigkeit gegeben, daß der Sklave erklären muß: „Ich habe meinen Herrn (der wohl richtiger nicht an erster Stelle genannt werden dürfte!), mein Weib und meine Kinder lieb und mag nicht freigelassen werden"? Abgesehen von der Tatsache, daß der Sklave nach dem Bundesbuch mit leeren Händen freigelassen wird und ihm dann weiter nichts übrig bleibt, als sich von neuem in die Sklaverei zu verkaufen! Bei solcher Voraussetzung des Gesetzes darf die soziale Stellung des israelitischen Sklaven nicht überschätzt werden. Auch der Hinweis auf die Erbberechtigung des Sklaven ist kein allgemein gültiger Gegenbeweis, gilt das doch nur für den geborenen Haussklaven und nur dann, wenn der Herr kinderlos ist. „Da aber erging Jahwes Wort an ihn also: Dieser soll nicht dein Erbe sein, sondern ein leiblicher Sohn von dir soll es sein, der dich beerbt" (Ge 15, 4). Nicht einmal der hausgeborene Sklave, auch nicht Ismael, der ebenso legitimer Erbe wie Isaak war, hat Abraham beerbt. „Jage diese Magd und ihren Sohn weg", ruft die Herrin Sarah Abraham zu, „denn der Sohn dieser Magd soll nicht erben mit meinem Sohn, mit Isaak!" Das Beispiel Sarah-Hagar beleuchtet die rechtliche Situation der Sklaven. Sarah selbst hat Hagar Abraham übergeben, um durch sie Kinder zu bekommen. Nachdem sie aber Mutter wurde, vertrieb sie Hagar mit einem kleinen Kind aus dem Hause.

„Die Gesetzgeber werden nicht müde, die Rechte der Sklaven zu betonen", sagt BERTHOLET [1]. Rechte werden aber nicht gegeben, sondern genommen. Gerade in Israel ist der Kampf zwischen Herr und Gesetz handgreiflich. Denn was bestimmt selbst das Bundesbuch zum Schutze der Sklaven? „Wenn jemand seinen Sklaven oder seine Sklavin so mit dem Stocke schlägt, daß sie ihm unter der Hand sterben, so soll das bestraft werden" (Ex 21, 20). Also: dasselbe Gesetz, das auf dem Grundsatz von Leben um Leben, Auge um Auge, Zahn um Zahn basiert, kennt für die Tötung eines Sklaven nur Strafe! Worin besteht diese Strafe? Daß der Herr nicht mit seinem eigenen Leben büßen muß, geht aus der weiteren Bestimmung (21, 26) klar hervor. Wenn man das Auge des Sklaven zerstört, so muß der blinde Sklave als „Entschädigung" freigelassen werden. Das sonst gültige Gesetz tritt nicht in Kraft. Wenn der Sklave oder die Sklavin nach

---

[1] Kulturgeschichte Israels S. 120.

den Schlägen des Herrn doch noch einen oder zwei Tage am Leben
bleibt, „so soll er nicht gestraft werden, denn es geht um sein eigenes
Geld"! Der Herr ist damit allein schon genug bestraft, daß er sein
Geld verliert. Für die Sklaven war die Frage des Asylrechts mindestens so wichtig, wie die der Freilassung.
Denn während die Freilassung nur sehr selten durchgeführt wurde,
konnte ein Sklave durch Flucht seinem harten Schicksal entgehen, wie
es bei Simei der Fall war. Da aber der Herr in der Lage war, ihn
zurückzuholen, so mußten die Sklaven des Asylrechts sicher sein. Deshalb finden wir im Deuteronomium die Bestimmung, daß ein Sklave,
der von seinem Herrn geflüchtet ist, nicht ausgeliefert werden dürfe
(Dt 23, 16). So sehen wir, wie verfehlt es ist, die Stellung des israelitischen Sklaven als glücklich zu preisen.

## 2. Soziale Bewegung, Bürgerkrieg und Revolution

Wenn die Klassengegensätze und daher die Klassenkämpfe auf dem
platten Lande vielleicht schärfer als in der Stadt waren, da Israel nach
wie vor ein Bauernvolk blieb, so kamen sie doch hier stärker zum
Ausdruck. Das liegt in der Natur der Stadt selbst und ist mit der
größeren Einwohnerzahl, dem intensiveren Verkehr u. a. gegeben. Dazu
muß man immer vor Augen haben, daß die unterworfene, kananäische
Bevölkerung auch zur sozialen Bewegung (hauptsächlich in der Stadt)
viel beigetragen hat. Der Großagrarier wird auf dem platten Lande
schwerlich einen Palast bauen und mit Elfenbein auslegen, wie es der
Kapitalist in der Stadt sehr häufig zu tun pflegte.

Daß hinter der Reichstrennung vornehmlich soziale Spannungen
stehen, zeigen die Wünsche der Israeliten. „Dein Vater hat unser Joch
hart gemacht, so erleichtere du deines Vater harte Arbeit und das
schwere Joch, das er uns auferlegt hat, so wollen wir dir dienen."
Kein Wort von der alten Kluft zwischen Israel und Juda! Man hatte
sich damit abgefunden und war bereit, auch weiterhin die Macht Judas
anzuerkennen, man wollte aber ein für allemal von den unseligen Nezibim
befreit werden; man wollte Erleichterung von den schweren Steuern.
Als dann Rehabeam seine stolze Antwort gab, antwortete Israel auf
diese Herausforderung mit der Ermordung des Fronvogts und trennte
sich vom Reiche.

Diese Revolution, die mit der Spaltung des Reiches endete, war
an sich nichts Neues in der israelitisch-jüdischen Geschichte. Eine
mächtige Bewegung fand schon zur Zeit Sauls statt, die David aus-
zunutzen verstanden hat; dann folgte unter ihm selbst noch die Re-

volution Absaloms und der Aufstand von Simei und die mächtige revolutionäre Bewegung unter Seba ben Bikri. Mit der Spaltung des Reiches waren die Wünsche der unter den sozialen Verhältnissen Leidenden nicht erfüllt, sondern einzig und allein die Stellung der israelitischen Ältesten gerettet. Die breite Masse war ebenso nach der Revolution Jerobeams, wie seinerzeit nach dem Siege Davids, enttäuscht.

Mit den steigenden Bedürfnissen der Dynastie stiegen auch die Anforderungen für den Kultus. Schon David plante für Jahwe einen Wohnsitz, der dem seinen entsprechen sollte. Davids Absicht verwirklichte dann Salomo. In dem neuen Tempel Jahwes glänzte es ebenso wie in den Königspalästen von Gold. Wäre nun die Spaltung des Reiches nicht gekommen, so hätte man keine neuen Mittel für neue Kultusstätten gebraucht. Für Jerobeam war es eine politische Notwendigkeit, neue Kultusstätten zu errichten, um die Wallfahrten der Israeliten nach Jerusalem einzudämmen. So ließ er zwei goldene Kälber in Bethel und in Dan aufstellen. Dazu brauchte er große Mittel, wie auch die neuen Kultusstädte neues priesterliches Personal, d. h. also auch neue Einnahmen erforderten.

War es einst die wichtigste Aufgabe des Königtums, Krieg gegen den äußeren Feind zu führen, so ist jetzt Juda Israels erbittertster Feind und umgekehrt. Dadurch wurde das Land verwüstet. Bisweilen wandte man auch gefährliche Mittel an: König Asa von Juda sandte im Kriege gegen Baesa von Israel an den König von Aram die gesamten Schätze, die sich noch im Tempel befanden, um ihn als Bundesgenossen zu gewinnen. So sehen wir, welche Rolle der Tempelschatz im politischen Verlaufe der israelitisch-jüdischen Geschichte gespielt hat. Er diente entweder dazu, Bundesgenossen zu kaufen, oder er war der Anlockungspunkt fremder Könige. War er verbraucht, mußte er von neuem ergänzt werden, ebenso wie die goldenen Panzer, die Šošěnq weggenommen hatte, durch Panzer aus Kupfer ersetzt wurden. Hierin liegt die wirtschaftliche und soziale Bedeutung sowohl des Tempels zu Jerusalem als auch der Kultusstätten zu Bethel und Dan.

Schwere Steuern, beständiger Krieg im eigenen Lande drückten wie ein Alp auf die Masse des Volkes und ruinierten seine Existenz. Die Überlieferungen sind seit Salomo sehr spärlich, häufig müssen wir nur aus den späteren Tatsachen die Entwicklung der Dinge rekonstruieren. So wissen wir, daß Nadab, der Sohn und Thronfolger Jerobeams, nicht mehr als zwei Jahre regiert hat, er wurde dann von Baesa ermordet, und dies war das Signal zum Bürgerkrieg in Israel.

Dasselbe Mittel, das Baesa gegen das Haus Jerobeam angewendet hatte, konnte nun von einer anderen Partei auch gegen das Haus Baesa angewandt werden. So sehen wir, daß nach dem Tode Baesas — ebenfalls nach 2 Jahren — sein Sohn Ela von Simri, dem Befehlshaber der Hälfte der Streitwagen, ermordet wurde. Simri fand aber nirgends Anhang; das Militär rief vielmehr den Heerführer Omri zum König aus. In seiner verzweifelten Lage steckte Simri die Burg des Königspalastes über sich in Brand und kam um; nur sieben Tage trug er die Krone. Der Bürgerkrieg war aber damit noch keineswegs zu Ende, sondern er begann erst. So heißt es in den Annalen: „Damals spaltete sich das Volk. Die eine Hälfte des Volkes stand hinter Thibni, dem Sohne Ginaths und wollte ihn zum König machen, und die andere Hälfte stand hinter Omri. Das hinter Omri stehende Volk aber gewann die Oberhand über das hinter Thibni ... und Thibni fiel; so wurde Omri König" (1 Kg 16, 21 f.). Wie gewaltig das Ringen war, zeigt die Tatsache, daß der Bürgerkrieg nicht weniger als 4 Jahre gedauert hat. Von Wichtigkeit ist die Frage, von welchen Parteien und gesellschaftlichen Schichten dieser Bürgerkrieg geführt wurde. Wir haben gesehen, was für eine Rolle in diesen Revolutionen das Heer gespielt hat. Mit Sicherheit können wir daher behaupten, daß die Partei der Omriden die der Agrarier (bzw. der Großagrarier) ist. Wer waren nun die Thibniden? Entweder war es die Partei der städtischen Kapitalisten (der Industriellen und der Kaufleute) oder es war die besitzlose Bevölkerung, d. h. das Proletariat. Selbst wenn die Thibniden die Partei des städtischen Kapitals verkörpern, ist die aktive Beteiligung des Proletariats im Bürgerkrieg sicher. Denn nur bei annähernd gleichen Kräfteverhältnissen konnte der Kampf solange dauern.

Der Bürgerkrieg bricht unter Sacharia, dem Sohn und Nachfolger Jerobeams II. wieder aus und dauerte ununterbrochen zwei Menschenalter bis zur Zerstörung Samariens durch Sargon. Von den letzten sechs israelitischen Königen sind nicht weniger als vier ermordet worden, wobei zwei von ihnen, Sacharia und Sallum, innerhalb von sieben Monaten umkamen. Diese Tatsachen sprechen genug für die sozialen Zustände dieser Zeit.

Die Jehu-Revolution war das Resultat der jahwistischen Bewegung, bei der Elisa eine hervorragende Rolle gespielt hat. Die Propheten sind die Kämpfer für Jahwe, weil Jahwe der Gott der Gerechtigkeit ist. Deshalb ist der Kampf für die Macht Jahwes zugleich der Kampf um ein gerechtes soziales Regiment. Oder richtiger: der Kampf für Jahwe ist der konkrete Ausdruck der

sozialen Bewegung[1]. Aber an die Macht gelangt, konnte auch
Jehu, — richtiger: die Jahwistische Partei — der sozialen Not
des Volkes kein Ende machen: die Wurzel des Elends lag nicht im
Baalskult und in dem mächtigen Einfluß der Phöniker. Die Not war
aber gerade um die Zeit Jehus ungeheuer. Schon zur Zeit Ahabs war
eine Dürre, die zu einer Hungersnot geführt hat; dazu herrschte ununterbrochen Krieg gegen Aram. Das erforderte wieder große Mittel,
nicht zuletzt, weil gerade Ahab neue Städte und Paläste bauen ließ.
Hat aber Ahab über Ben-Hadad von Damaskus einen Sieg erfochten,
so zahlte Jehu dem Aramäerkönig noch Tribut, da er nur mit dessen
Zustimmung die Macht an sich reißen und behaupten konnte. Und
das wichtigste: es war die Zeit, wo die Assyrer ihre Herrschaft er-
weiterten. Wir sehen, unter welchen Bedingungen die neue Dynastie
die Macht übernommen hatte, daher hat sie auch keine Erleichterung
für das Volk bringen können. Im Gegenteil: das früher unabhängige
Königtum ist nun selbst tributpflichtig geworden. Das aramäische Joch
hat dann Jerobeam II. abgeschüttelt. Das forderte aber eine große
wirtschaftliche Anstrengung. Immerhin gelang es, einen Sieg zu er-
ringen. Daß damit der Masse des Volkes nicht geholfen war, wissen
wir aus Amos. Gewiß, Jerobeam II. war ein „starker“ König und
hat Amos aus dem Gebiet Israels als „lästigen Ausländer“ ausgewiesen.
Aber schon das ist nicht ein Zeichen der Stärke, sondern der
Schwäche. Gegen Betrug, Bestechlichkeit, Verkehrung des ganzen
Rechts, gegen Wucher und Habsucht, gegen das verschwenderische und
unwürdige Genußleben, insgesamt gegen die maßlose Unterdrückung der
Notleidenden ging der Kampf des Propheten. Das Auftreten der
Propheten überhaupt setzt eine tiefe soziale Gärung um
diese Zeit voraus. Nur so sind die Maßnahmen Jerobeams gegen
Amos, den Exponenten seiner Zeit, zu verstehen. Wir sehen, den Amos
hat auch die Blütezeit unter Jerobeam nicht täuschen können, dafür
war sein Haß gegen die „Basanskühe“ zu groß, — er hat die Wurzel
des Übels erkannt. Auch Hosea erscheint das ganze Volk wie eine
verführte Frau, wie eine Hure. „Wenn du, Israel, hurest, so möge
sich doch Juda nicht versündigen.“ Dem Propheten ist fraglich, ob
es jemals auch besser war. Er sucht den Grund der Ungerechtigkeit
schon in der Vergangenheit: „Im Mutterschoß überlistete er seinen
Bruder!“ — Darin will er auch den Grund des Beraubens und der

---

[1] Um nicht mißdeutet zu werden: wir können uns hier nur mit dieser Seite
der jahwistischen und der prophetischen Bewegung befassen. Nicht Jahwes Kampf
mit Baal, sondern Jahwes Kampf mit den Mächtigen Israels, die das Volk bedrückten,
interessiert uns hier.

Ausplünderung der Armen finden. Die Städte sind ihm „voll von Blutspuren". Das Volk ist ratlos, und fragt es um Rat, so spürt es die Faust des Mächtigen. „Mein Volk befragt um Rat und sein Stab gibt ihm Bescheid!" Hosea sieht zuerst die Ungerechtigkeit seines eigenen Landes, deshalb erscheint ihm Juda in einem helleren Licht. Daß aber die Lage in Juda nicht besser war, wissen wir aus Micha und Jesaia. „Ihr hasset das Gute und liebet das Böse! Sie reißen ihnen die Haut vom Leibe und das Fleisch von den Knochen, sie nähren sich von dem Fleische meines Volkes . . ." (Mi 3, 1—3). „Eure Hände sind voll Blutschuld, waschet, reinigt euch! Schafft fort eure bösen Taten mir aus den Augen! Hört auf, Böses zu tun, lernt Gutes tun" (Jes 1, 15 f.). Das ist das Bild der sozialen Zustände in Israel und Juda zur Zeit der Propheten, einer Zeit, wo „Spötter das Land richten" (Jes 28, 14).

Waren die Propheten Demokraten im eigentlichen Sinne oder Sprecher der Besitzlosen? Nein! Nur bildet vielleicht Amos die einzige Ausnahme. Gerade hier liegt der innere Widerspruch der Prophetie. Wollen wir uns nicht täuschen: die Propheten forderten kein anderes Regiment, keine andere Staatsordnung. Das Königtum, die Monarchie, war die einzige Staatsform, die auch für die Propheten annehmbar war. Und das, obwohl das Königtum schon längst nicht dem Willen Gottes entsprach (s. 1 Sam 8, 10 ff.). Es wäre verfehlt, wollte man die Opposition der Propheten gegen die jeweilig herrschenden Könige als gegen das Königtum selbst ansehen. Sie treten nicht gegen die Fürsten und die Ältesten als solche auf, sondern nur gegen die Fürsten, die Diebesgenossen geworden sind. Die Herrschaft der proletarischen Masse ist für die Propheten die größte Plage Gottes. Regieren muß die Aristokratie. Das tritt nicht nur bei Jesaia hervor, sondern auch später bei Jeremia. Haben die Propheten wenigstens ein ausreichendes soziales Programm aufgestellt, das der Einziehung des Grund und Bodens der Armen durch das Kapital ein Ende machen sollte? Nein. Für ihr soziales Programm genügte vollkommen, daß die Mächtigen von ihrem unwürdigen Tun abließen und fortan die Geringen nicht so niedertraten.

Wenn auch die Propheten keine eigentlichen Sozialreformer waren, so kann doch nicht scharf genug betont werden, welchen ungeheuren Einfluß sie auf die soziale Bewegung ausgeübt haben. Sie waren die Ersten, die die Taten der Volksaussauger öffentlich in der schärfsten Form gebrandmarkt haben. Im Hofe des Tempels und im Stadttor pflegten sie vor der Masse ihre Ansprachen zu halten, und man kann

diese Kundgebungen die politischen Versammlungen der Oppositions-
partei in Israel und Juda nennen.  Was Amos und Hosea in Samaria
sprachen, war in einigen Tagen auch in Jerusalem bekannt, wie umgekehrt die Kundgebungen Michas und Jesaias in Samaria.  Später
ging man auch dazu über, die Reden entweder selbst oder durch die
Sekretäre aufschreiben zu lassen, wie es Jeremia tat; und das kann
man die erste politische Zeitschrift in Jerusalem nennen.

### 3.  Die soziale Gesetzgebung im Deuteronomium und ihre Resultate

Die wichtigsten Bestimmungen des Deuteronomiums, die vom
Bundesbuch abweichen und daher von neuen sozialen Verhältnissen
und sozialen Kämpfen Zeugnis ablegen, sind:

a) Das neue Sklavenrecht.  „Wenn sich dir einer deiner
Volksgenossen, ein Hebräer oder eine Hebräerin, verkauft, so soll er
sechs Jahre dein Sklave sein, im siebenten Jahre aber sollst du ihn
frei von dir ausgehen lassen.  Und wenn du ihn frei von dir ausgehen
lässest, so sollst du ihn nicht leer ziehen lassen, vielmehr sollst du ihm
von deinen Schafen, von deiner Tenne und aus deiner Kelter eine
gehörige Last mitgeben" (Dt 15, 12—14).

Im neuen Gesetz findet sich nun gegenüber dem Bundesbuch eine
sehr wichtige Ergänzung.  Es wird bestimmt, daß der Sklave nicht mit
leeren Händen entlassen werden darf.  Damit ist dem Sklaven (mit
Frau und Kindern) wenigstens für die erste Zeit geholfen und er ist
nicht gezwungen, sofort wieder irgendeinem Herrn seinen Leib zu verkaufen.  Aus Deuteronomium 15, 18 sehen wir, mit welchen Wider-
ständen seitens des Herrn der Gesetzgeber rechnete.  „Es darf dir
nicht schwer fallen, wenn du ihn frei von dir ausgehen lassen mußt,
denn er hat dir 6 Jahre lang durch sein Dienen das Doppelte des
Lohnes eines Taglöhners geleistet."  Nach dem Bundesbuch wird die
Sklavin nicht wie der Sklave entlassen.  Die Bestimmung über die
Sklavin im Bundesbuch mußte sie zur Prostitution treiben.  Und es ist
kein Wunder, daß im A. T. so oft von Huren die Rede ist.  Im Deuteronomium dagegen ist die Sklavin in ihren Rechten dem Sklaven gleichgestellt.

War aber die Freilassung des Sklaven nur frommer Wunsch, so
war die Frage des Asylrechts, wie wir schon gehört haben, für den
Sklaven von ungeheurer Bedeutung.  Durch das Deuteronomium wurde
diese Frage ebenfalls geregelt.  „Einen Sklaven, der sich von seinem
Herrn zu dir geflüchtet hat, sollst du seinem Herrn nicht ausliefern.
Er soll bei dir bleiben dürfen" (23, 16 f.).

b) Der Schuldenerlaß. Das Bundesbuch hatte dafür keine
Bestimmung; also, so darf man schließen, trat die Versklavung sofort
bei der Schuldverfehlung ein. Dagegen heißt es im Deuteronomium:
„Am Ende von sieben Jahren sollst du einen Erlaß stattfinden lassen.
Und zwar hat es mit dem Erlaß folgende Bewandtnis: Jeder (Gläubiger)
soll sein Handdarlehen, das er seinem Nächsten gewährt hat, erlassen.
Er soll seinen Nächsten und seinen Volksgenossen nicht drängen, denn
man hat einen Erlaß (zu Ehren) Jahwes ausgerufen" (15, 1 f.). Gegen
die Gefahr, daß ein Darlehen kurz vor dem Endtermin abgelehnt
wurde, wendet sich das Gesetz. „Hüte dich, daß nicht in deinem
Herzen (der nichtswürdige Gedanke) aufsteigt, nämlich: das siebente
Jahr, das Jahr des Erlasses, ist nahe! und du einen mißgünstigen Blick
auf deinen armen Volksgenossen wirfst und ihm nichts gibst und daß
dann, wenn er deinetwegen zu Jahwe schreit, auf dir eine Verschuldung
laste" (15, 9). Zwar schließt auch dieser Schuldenerlaß, der am Ende
von sieben Jahren vorkommt, die Schuldverfehlung und damit die Versklavung nicht aus, denn sie kann im Laufe der sechs Jahre eintreten,
aber eine Reform gegenüber dem früheren Zustand war er doch. Die
Versklavung wurde dadurch zum Teil verhindert[1]. Mit dem Darlehen
ist aber auch das Pfand- und Zinsrecht eng verbunden. Das
Bundesbuch bestimmt: „Wenn du jemandem aus meinem Volk, einem
Armen neben dir, Geld leihen mußt, so zeige dich ihm nicht wie ein
Wucherer. . . . Wenn du den Mantel eines anderen als Pfand nimmst,
sollst du ihn bis zum Sonnenuntergang zurückgeben, denn er ist ja
seine einzige Decke, die Umhüllung für seinen Leib; womit könnte er
sich sonst schlafen legen?" (Ex 22, 24 f.) Nach dem Bundesbuch darf
man wohl Zinsen nehmen, anders das Deuteronomium: „Von deinem
Volksgenossen darfst du keine Zinsen nehmen, weder Zins für Geld,
noch Zins für Speise, noch für irgend etwas anderes, das man für Zins
leihen kann"[2]. Bei solchen Einschränkungen konnten die Kapital-
kräftigen darauf verzichten, dem Armen Geld zu leihen, deshalb ge-
stattet das Gesetz das Zinsnehmen vom Ausländer (Nokri).

c) Bestimmung über Tagelöhner. „Einen armen und be-
dürftigen Tagelöhner sollst du nicht bedrücken, mag er nun zu deinen
Volksgenossen oder zu den Fremdlingen gehören, die sich in deinen Ortschaften bei dir aufhalten. Ja, am gleichen Tage sollst du ihm seinen
Lohn auszahlen, ehe noch die Sonne über ihm untergeht. Denn er ist

---

[1] Einen direkten Beleg aber dafür, ob ein solches Erlaßjahr auch wirklich
stattgefunden hat, haben wir nicht.

[2] Dt 23, 20. Nach Nowack wird hier Wucher und Zins identifiziert (Die
sozialen Probleme in Israel S. 27).

arm und verlangt sehnsüchtig danach" (Dt 24, 14. 15).  Aus dieser Bestimmung geht hervor, daß das eine Errungenschaft der Tagelöhner, des
Proletariats war.    Dabei ist wichtig, daß in diesem Falle auch der
fremde Arbeiter dasselbe Recht genoß.

d) S o z i a l e  V e r s o r g u n g.   Es ist bekannt, daß dem Deuteronomium das Brachjahr des Bundesbuches fremd ist.   Denn die Kassierung der Schulden im 7. Jahr hat mit dem Brachjahr nichts zu tun.
Die Bestimmung über das Brachjahr in Ex 23, 10 hat einen ausgeprägt
sozialen Charakter.    Demgegenüber bestimmt das Deuteronomium
(14, 28), daß man am Ende von jedem dritten Jahr den gesamten
Zehnten vom Ertrage für die Leviten, für die Metoeken, Waisen und
Witwen abgeben soll.    Ferner: „Wenn du auf deinem Felde deine
Ernte hältst und eine Garbe auf dem Felde vergißt, so sollst du nicht
umkehren, um sie zu holen, den Metoeken, Waisen und Witwen soll
sie zufallen"; ebenso soll man, wenn man den Ölbaum abklopft, nicht
die Zweige absuchen und auch keine Nachlese beim Abernten des Weinbergs halten (24, 19 f.).    Dazu gehören noch die Bestimmungen von
23, 25 f., daß man im Weinberg des Nächsten den Hunger stillen, aber
nichts in das Gefäß hineintun dürfe, wie auch, daß es wohl erlaubt ist,
die Ähren des stehenden Getreides des Nächsten mit der Hand abzureißen, aber nicht mit der Sichel abzuschneiden.

Alle diese Bestimmungen im Deuteronomium sind im Vergleich
mit dem völligen Brachjahr des Bundesbuches in sozialer Hinsicht unbedingt eine Verschlechterung.    Das ist befremdlich; denn im allgemeinen bedeutet das Deuteronomium gegenüber dem Bundesbuch einen
Fortschritt in der sozialen Gesetzgebung.    Zur Erklärung dieses auffallenden Tatbestandes gibt es zwei Möglichkeiten: entweder wußte der
Deuteronomist, daß in der Praxis die Bestimmung über das Brachjahr
nicht durchgeführt wird, daher stellte er lieber geringere Forderungen
auf mit der Aussicht auf Durchführung, — oder die Bestimmung über
das Brachjahr des Bundesbuches ist ein nachexilischer Zusatz, wie
Max Weber annimmt.    Doch fehlt für die letztgenannte These jeder
Beweis.

e) D a s  A r b e i t s z e i t g e s e t z.   Eine gesetzliche Bestimmung über
den Sabbat enthält bereits das Bundesbuch: „Sechs Tage hindurch
magst du [1] deine Arbeit verrichten, am siebenten Tag aber sollst du
feiern, damit dein Rind und dein Esel ruhe und der Sohn deiner
Sklavin sowie der Metoeke einmal aufatme" (23, 12).   Der Charakter
des Sabbats ist hier völlig klar: Er ist der Arbeitsruhetag nicht nur

---

[1] Richtiger: sollst du (תעבד).

für den Herrn, sondern hauptsächlich für die fremde Arbeitskraft.
Damit kann die Bestimmung über den Sabbat im Bundesbuch als das
erste Arbeitszeitgesetz bezeichnet werden.

Im Dekalog des Jahwisten (Ex 34, 21) wird bestimmt: „Sechs Tage
magst du arbeiten, aber am siebenten Tag sollst du ruhen; selbst in der
Zeit des Pflügens und des Erntens sollst du ruhen." Hieraus geht
hervor, daß die Bestimmung im Bundesbuch nicht immer beobachtet
wurde und zwar hauptsächlich nicht in der Zeit des Pflügens und
Erntens. Der Charakter des Sabbats als Ruhetag wird daher schärfer
betont.

Anders dagegen im Dekalog des Elohisten (Ex 20, 9 f.). Hier heißt
es: „Sechs Tage lang magst du arbeiten und all dein Geschäft verrichten; aber der siebente Tag ist ein Sabbat zu Ehren Jahwes, deines
Gottes; da darfst du gar kein Geschäft verrichten, weder du selbst
noch dein Sohn, noch deine Tochter, noch dein Sklave, noch deine
Sklavin, noch dein Vieh, noch dein Metoeke, der sich in deinen Toren
aufhält. Denn in sechs Tagen hat Jahwe den Himmel und die Erde
und das Meer und alles, was in ihnen ist, gemacht; hierauf ruhte er
am siebenten Tag. Daher hat Jahwe den Sabbattag gesegnet und für
heilig erklärt." Aus dem ursprünglichen Arbeitsruhetag
für den Sklaven, Klienten usw. ist nun ein heiliger Tag
für Jahwe geworden. Die religiöse Bewegung des achten Jahrhunderts hat hier ihren Ausdruck gefunden. Von nun an wird diese
religiöse Begründung durch das Deuteronomium und den Priesterkodex
noch verschärft. Daß die Geschäftsruhe am Sabbat nicht immer durchgeführt wurde, wissen wir aus Nehemia 13, 15. Hier ist der Sabbat
gerade der Markttag für den israelitischen Bauern und den Händler.
Nur durch Anwendung von Gewalt, durch Schließen der Tore, hinderte
sie Nehemia, in die Stadt zu gelangen. Alle anderen Bestimmungen
des Bundesbuches über das Straf- und Sachrecht usw. haben keine
wesentlichen Änderungen im Deuteronomium erfahren und sind auch
für die soziale Entwicklung von geringer Bedeutung.

Das waren die sozialen Maßnahmen des 7. Jahrhunderts. Im Vergleich mit den früheren Bestimmungen sind sie wohl ein Fortschritt.
Aber ebensowenig wie die vordeuteronomischen Gesetze ausreichten, die
Not der Masse zu lindern, so genügten auch die sozialen Bestimmungen
des Deuteronomiums nicht, den Klassengegensätzen ein Ende zu be-
reiten. Das Übel ist nicht an der Wurzel erfaßt worden; das Ein-

ziehen der Felder der Verschuldeten, das unerbittliche Schuldrecht usw. blieb nach wie vor bestehen.  Der besitzlosen Masse war mit den kleinen sozialen Brocken nicht geholfen.  Politisch wiederum war die Lage Judas im 7. Jahrhundert gleich der von Israel vor der Zerstörung Samariens.  Seit 701 ist Juda assyrischer, ägyptischer und babylonischer Vasall.  Das bedeutet hohe Tribute, die durch Steuern aufgetrieben werden mußten: „Von einem jeden trieb er (König Jojakim), seiner Steuerkraft entsprechend, das Silber und das Gold ein, um es Pharao Necho zu liefern."  Jeremia hat als einziger die Situation erkannt; man hat ihn des Landesverrats angeklagt, weil er die Unterwerfung unter Babylonien forderte.  Die ägyptische Agitation und die ägyptische Partei war anscheinend stark.  Um im Innern Burgfrieden zu haben, entschloß man sich nun, auch die Sklaven zu befreien (Jeremia 34, 8 ff.).  Kaum aber war die Gefahr vorüber, da holten die Herren ihre Sklaven und Sklavinnen wieder zurück.  Zedekia versuchte das babylonische Joch noch einmal abzuschütteln; aber Nebukadnezar kam wieder und schloß Jerusalem ein.  In der Hungersnot fällt die Stadt.  Die Reichen werden nach Babylon deportiert; im Lande selbst bleibt nur das Dallat ha Arez, das Proletariat, dem jetzt die Güter der Deportierten teilweise zufallen.  So fanden die inneren Klassenkämpfe in Israel und Juda durch die fremde Invasion zum Teil, jedoch nur vorübergehend, ihren Abschluß.

G. Pätz'sche Buchdr. Lippert & Co. G. m. b. H., Naumburg a. d. S.

## DATE DUE

| | | | |
|---|---|---|---|
| | | | |
| | | | |
| | | | |
| | | | |
| | | | |
| | | | |
| | | | |
| | | | |
| | | | |
| | | | |
| | | | |
| | | | |
| | | | |
| | | | |
| | | | |
| | | | |
| | | | |
| | | | |
| GAYLORD | | | PRINTED IN U.S.A |